北京日报
理论周刊文存

经济前沿

北京日报社理论部 编

北京日报出版社

图书在版编目（CIP）数据

经济前沿 / 北京日报社理论部编. — 北京 : 北京日报出版社, 2018.11
（北京日报理论周刊文存）
ISBN 978-7-5477-3082-9

Ⅰ. ①经… Ⅱ. ①北… Ⅲ. ①中国经济—文集 Ⅳ. ①F12-53

中国版本图书馆CIP数据核字(2018)第174109号

经济前沿

出版发行： 北京日报出版社
地　　址： 北京市东城区东单三条8-16号东方广场东配楼四层
邮　　编： 100005
电　　话： 发行部：（010）65255876
　　　　　总编室：（010）65252135
印　　刷： 廊坊市博林印务有限公司
经　　销： 各地新华书店
版　　次： 2018年11月第1版
　　　　　2018年11月第1次印刷
开　　本： 710毫米×1000毫米　1/16
印　　张： 16.5
字　　数： 260千字
定　　价： 52.00元

北京日报理论周刊文存

守正出新，宣传好当代中国马克思主义

（代序）

北京日报社社长　赵靖云

作为首都党报，《北京日报》坚定“四个自信”，坚持以内容建设为中心，扎实推进媒体融合，充分发挥传统主流媒体的政治优势、内容优势、权威性公信力优势和新媒体的传播优势，利用《理论周刊》《七日谈》《纪事》等名牌版面栏目，在弘扬优秀传统文化、坚定文化自信、传播当代中国马克思主义方面积极探索，守正出新，取得了一定成绩。

一、不“左”不右，谨守中道

党报是党的重要思想武器、执政工具，也是意识形态工作的前沿阵地和理论传播、舆论引导的重要平台。宣传贯彻好当代中国的马克思主义——习近平新时代中国特色社会主义思想，致力于“两个巩固”，是党报的首要政治任务。我们为《理论周刊》确立的办刊原则之一，叫“不‘左’不右，谨守中道”。这个“中道”，就是中国特色社会主义。中道是正道，要以中国特色社会主义为根本，来解说阐释中国的改革发展实践，用胜于雄辩的事实和事实所印证的科学理论，来讲清马克思主义与中华文化、中国实践的内在契合性，深入探究中国特色社会主义的根源，破解马克思主义中国化的文化基因，不断夯实文化自信的学理基础，凝聚文化自信的思想共识。

真理要大声讲出来，重要的话要说三遍。“三”是多的意思，正确的道理也需要反复讲。我们讲自信的底气，既来自理论本身的科学性，也来自辉煌的“中国实践”，还来自对本民族优秀文化传统的重新审视。正如《理论周刊》刊发的原中央文献研究室副主任陈晋的一篇文章所言，对中华文化的自觉和自信，从根本上有助于增强和丰富对中国道路的自觉和自信，具体而言，中华文化是中国道路的历史来源、精神支撑、高点优势。

二、守正出新，形神兼美

理论的生命力在于创新。社会总是在发展，理论所面对的新情况新问题总是层出不穷，如果不能及时地自我更新，不断地有所发现、有所发明、有所创造、有所前进，理论就会脱离现实，变得苍白无力。讲好中国故事，坚定“四个自信”，同样需要不断创新。《北京日报》理论宣传的另一原则叫“守正出新，形神兼美”。“守正”才能心中有谱、脚底有根，“出新”才能春风化雨、润物无声。

紧跟热点，直面问题。作为一个大众媒体平台，《北京日报》高度重视理论宣传的时效性和问题导向，《理论周刊》的同志们长期坚持自我加压，他们的口号是“人无我有，人有我新，人新我更新”，努力用准确权威的阐释让科学理论第一时间到达需求现场，武装头脑，释疑解惑，影响舆论。通过长期创新积累，《理论周刊》日常四块版面已涵盖“新论”“学习与答疑”“文史”“读书”“话题”“争鸣”“前沿调查”“学界万象”“特稿”“参考文选”“党史”“世界视野”“北京策论”等十几个版性，分别刊发体裁、风格不同的理论文章，形成了“杂花生树”的格局。

大家小文，深入浅出。这是《北京日报》理论宣传的另一个追求。小文就是篇幅小、切口小、能以小见大的文章。越是小文越不容易写，唯大家能要言不烦、深入浅出。要让领导讲群众的话，学术讲生活里的话，马克思主义讲中国话。经过多年经营，我们已建立起一个涵盖国内外各领域著名专家学者的“大家库”，目前有来自中央政策研究室、国务院发展研究中心、中央党史和文献研究院、中国社科院、北大、清华、人大、复旦等研究机构和高校的近千名知名专家成了《理论周刊》的铁杆作者。中央党校原副校长李君如解读《全面净化党内政治生态》的一篇文章，只有1800字；北大厉以宁教授分析判断2016年经济大势的一篇文章，仅用500字。虽然短，但很有说服力。

史论结合，史为今用。理论的说服力，不仅仅在于它严谨的学理性，还在于它是对历史经验的总结，历史规律的发现和验证。理论和历史本来就分不开，历史带给我们启示，理论是我们对历史深入思考的结果。另外从一般读者阅读体验的角度看，理论常偏于抽象艰涩，把坚硬的理论内核用易读好看的文史内容包裹起来，就更容易入口和消化。《理论周刊》的文史版、读书版，都是通过讲文史、讲党史来讲今天，讲“自信从哪里来”，讲“不忘初心、继续前进”的心路历程与历史逻辑。这些版面都深受读者喜爱，很多文章获得网上网下的广泛转载。

三、善于引导，敢于亮剑

马克思主义作为一种科学理论，本身就是在与其他理论、其他主义、其他学说的竞争中脱颖而出，显示出它的真理性的。在今天，对于担负着宣传当代马克思主义重大责任的主流媒体来说，面对一切模糊认识善于引导，面对一切错误主张敢于亮剑，自然也是应有的担当和作为。明辨是非从来都不像说起来那么容易，尤其在一个利益已经高度分化、观念思潮多元多样多变的社会。这个时候，就愈发彰显了主流媒体存在的价值。善引导、敢亮剑，本身也是基于对科学理论、正确道路、灿烂文化的自信。

近年来，《北京日报》重新审视了新传播时代自己作为一份党报的核心竞争力，提出了“三个强化”的办报方针，即强化党报功能特色、强化舆论引导和理论阐释，强化深度深读内容。有所主张要循循善诱，有所反对要直接表明，这是我们的态度。一切媒体本质上都不是纯粹的“新闻纸”“信息纸”，都是带着倾向和主张的“观点纸”“意见纸”，既然如此，党报就应该在舆论场里鲜明地发出我们的声音、宣传我们的理论，亮明底色，在众声喧哗中定基调，在思想多元中立主脑，在人潮涌动中举旗帜。

四、两翼齐飞，融而为一

新媒体大行其道的当下，一个毋庸讳言的现实是传统媒体的受众在减少，份额在缩小。对于传统媒体来说，这不是内容的失败，而是渠道的挫折。由于技术的突飞猛进，受众选择了另外的载体，这并不意味着他们不再需要内容。今天我们讲媒体融合，就是要适应这个渠道变化，把我们的内容送到新的渠道和平台上去。人群在哪里聚集，新闻宣传、理论宣传、意识形态、舆论引导的工作就要做到哪里，这才是媒体融合的要义。

《理论周刊》同名微信公众号于2015年2月底上线，推送的很多文章被朋友圈和其他新媒体转发，有的获得了近百万的阅读量。理论文章的读者本来就相对小众，在手机上读理论文章的人大概更少，由于《理论周刊》新媒体的创办，我们的理论宣传开始拓展到移动端上的人群，这是令我们十分欣慰的。下一步我们将继续强化互联网思维，改进新媒体上理论宣传的呈现方式，更短小、更贴近，主动设置话题，增强编读互动，并运用小动漫、微视频“以形象说理论”，推动报网端微深度融合，形成多层次、立体化的理论宣传格局。

目录

趋势解析

热点分析

难点辨析

趋势解析

中国经济有底气、有办法、有亮点

李稻葵

2016年是非常关键的结构调整开局之年。从总体上讲，目前中国经济的运行态势可以总结为“三有”：

有底气：中国仍是增长潜力巨大的经济体

为什么说有底气？因为中国经济尽管经过了将近40年的快速发展，但仍然是一个增长潜力巨大的经济体。中国经济目前的人均发展水平，从全球范围来看，顶多处于中游，人均发展水平与经济发达国家相比，只有它们的五分之一。今天，中国经济尽管碰到了各种困难，但是有三大因素可确保渡过难关。

第一个因素是稳定的、支持市场经济发展的政府，这至关重要。

第二个因素是持续增长的人力资本。这其中既包括劳动力受教育水平的持续提高，也包括劳动力健康水平的持续提高。劳动力健康水平的持续提高，本身就相当于劳动力供给在提高。我们经测算发现，现在中国平均劳动力的健康水平相比20年前年轻了5岁，所以不能只谈人口老龄化，还要把健康水平放进去。此外，受教育水平也在不断提高，去年18岁至22岁这个年龄段的年轻人，有38%的人在读大学，或者已经大学毕业，也就是说高等教育的毛入学率达到了38%（个别省份超过了50%，达到了发达国家的水平）。

第三个因素是中国经济是持续对外开放的。在经济学研究里有一个基本的道理，就是你跟谁进行国际贸易和投资，你就会像谁，你跟发达国家搞国际贸易，搞吸引外资或者投资，就是跟它看齐。今天，中国经济毫无疑问是全球第一大的开放体，从国际贸易到投资，不仅吸引了大量外商直接投资，对外投资现在势头也很猛，这两个投资基本上是同步的，今年吸引的外资和出去投资的数额基本上是同步的。通过国际贸易和投资逼着中国经济必须转型升级。

过去的经验告诉我们，只要这三件事情做对了，一个经济体才会持续不断地上升。

有办法：五件事情将会取得一定进展

中国经济虽然碰到了各种各样的问题，但仍然是有办法的。我国政府提出2016年要干五件事情：

第一，去库存。今年应该能够取得一定的进展。房地产的情况实际上是多元化的，一、二线城市库存情况并不严重，相反短期还必须加强投资。一线城市，还有部分二线城市，我们分析到今年年中还将迎来房地产投资开发的热潮，只有这样才能稳定一线和部分二线城市的房价。三、四线城市库存比较严重，怎么去库存，从方向上来讲必须加快城镇化，必须想方设法让更多农村暂时还没有进城的人能到城里定居，解决他们的子女受教育问题，解决他们的医疗问题。这不仅是一个供给侧的改革，也是需求侧的改革。农村居民能够进城定居，我们的内需就会提高，他们进城定居之后，就业劳动力供给就会提高，这也是供给侧改革。对于中国提出的供给侧结构性改革，不要误读，我们要进行的供给侧结构性改革，远远不只减税，需求也是要上去的。

第二，去杠杆。这是非常重要的任务。中国经济从总体上来讲宏观杠杆率在全球主要经济体里并不是最高的，一般认为整体债务水平占GDP的250%，跟美国基本一致。而日本高达400%以上，还有很多国家超过我们的水平。应该说，就中国经济目前运营状况而言，占GDP250%的杠杆率并不高，因为中国国民储蓄率非常高，按官方统计，储蓄率是50%，我们自己测算是38%，即便按照38%国民储蓄率，也比美国国民储蓄率高出一倍以上。很多老百姓希望存钱，也有人喜欢借钱，必然有人去还钱，所以储蓄率高的国家，杠杆率适当提高一点，不仅不是违反规律的，而且还是提高效率的一个表现。我认为，去杠杆的核心在于调杠杆，在于要适当把一些企业的债务加快进行重组，包括企业借银行的钱。这和西方的去杠杆不能简单进行比较，我们的关键是调杠杆，中央政府的债务还需要提高一点，没有一个巨大的、流动性非常强的国债市场，很多金融方面的运作就很难运行。

第三，减成本。主要是两件事情：一个是融资成本要下降，因为现在很多企业是通过以极高的利率去借钱，对它们的运营产生了极大的困难；另一个是与劳动用工相关的一些税费，现在非常高。

第四，补短板。关键是扶贫，今年应该能取得很大的进展。总体来讲，七千万的贫困人口，如果要精准扶贫，所花费财政的支出是有限的，不到一千亿就能够在很大程度上解决问题。

第五，去产能。国务院发布了一个指导性意见，希望在未来五年之内，减少钢铁和煤炭行业10%左右的落后产能。我们分析认为，步伐也许可以加快一点，力度可以大一点，因为花五年时间减少10%的产能，对于整个去产能的帮助力度仍不够大。现在去产能的条件，比1999年亚洲金融危机爆发之后的纺织行业去产能挑战要少得多，困难也小得多。因为现在就业形势非常好，银行财政运营状况比1999年强得多，如果拿出当时的决心来去产能，应该能取得重大的进展。

有亮点：拉动中国经济增长的产业在回升

第一个亮点：中国实体经济运行开始出现上行的势头。2015年，我国实体经济的增长速度，非金融部分是6.3%。从去年整体运行的情况来看，到下半年有所提升，根据今年1月、2月的各种数据来判断，这个势头在持续发展，实体经济上升的态势在逐步回升。去年拉动中国经济增长一个重要的因素是金融，金融业占到整个经济权重的9%左右，而去年金融业附加值高达15.9%，这是一个巨大的拉动力。今年估计金融行业由于股市的波动，可能会放缓，交易量也许有一定的萎缩，所以今年的金融业不应该指望它保持去年16%左右的增长，金融业对今年经济的拉动相比去年可能有所放缓，但是实体经济的回升、回暖正在进行，包括固定资产投资有所上升。

第二个亮点：房地产行业投资开发的速度。我们预计到6月应该会见底，然后会回升。去年房地产投资开发的增速到12月是零增长，这个零增长不可持续，因为很多城市的库存已经很低，特别是一线城市和部分二线城市。今年6月房地产投资开发的增速都将回归到正增长，我们预计全年大概是5%左右。今年的固定资产投资应该跟去年基本上能持平，甚至于略有提高。我们分析，今年固定资产投资基础设施会略有提高，房地产会有回升，制造业可能有所下降，总的来说基本持平，或者略有上升。

第三个亮点：今年下半年我们期待中国增加200万的新生婴儿。这200万的婴儿都是出生于最盼望婴儿的家庭，我们期待出现200万个幸福的婴儿，也能够不成比例地拉动中国经济的消费，因为这些婴儿都出生在好几代人共同呵护的家庭，我们预测二孩政策能够拉动占GDP0.2%消费的增长。

总的来说，中国经济有底气、有办法、有亮点。如果今年一系列的改革能够到位，国家提出的各种重大措施，包括去库存和去产能能够到位，如果新型城镇化各种措施能够到位，国有企业改革能够出现落地政策，那么今年下半年，最晚2017年上半年，这一轮中国经济增长速度下滑的周期应该有可能触底，6.7%的增长速度有可能触底。2017年房地产整体投资开发将进一步回升。根据IMF的分析，2017年会比今年经济形势好一点，2017年和2018年中国经济的增速不但能稳住，而且会略有回升。

（作者为清华大学中国与世界经济研究中心主任）

未来十年，经济有六大趋势

钱颖一

中国这十年间的变化，估计十年前没有预测到。在2005年，中国人均GDP1700美元；十年后的2015年，中国人均GDP超过8000美元。2005年，中国经济总量是2.3万亿美元，是当年美国GDP的17%；十年后的2015年，中国经济总量超过10万亿美元，是美国GDP的60%。十年前，没有“双十一”，没有微博、微信，没有小米。当然，十年前也没有预测到2008年会出现全球金融危机。

十年后会怎么样？我不做预测，只说说可能性。这些可能性受到有关中国和全球经济中若干重要因素的影响。我把这些因素概括为影响中国和全球经济的六大趋势，其中前两个有关中国，后四个关乎全球，包括中国。这六大趋势中，对经济增长和企业发展既有张力压力，也有推动力。下面我就这六大趋势主要特点和内涵谈谈看法。

第一，中国经济转型。过去十年，中国从低中等收入迈向中等收入。今后十年，中国将从中等收入迈向中高等收入。中国经济发展进入新常态，就是告别低收入和高增长，进入中等收入后跨越“中等收入陷阱”的一种常态。这种新常态是长期的，但未来十年很关键。中国经济必然转型，消费会提升，服务业比重将扩大，制造业要升级。经济转型的关键是供给侧结构性改革。一种流行观点把结构性改革等同于结构调整。其实不然。结构性改革的实质，是通过改革降低生产成本和交易成本，矫正市场扭曲，促进创新；结构变化只是结构性改革后市场发展的结果。所以，结构性改革不等于结构调整，而是深层次的改革。

第二，中国新型政商关系。改革开放后，中国政商关系显著特征是一种以个人关系为基础的紧密型关系。新型政商关系则要达到政府和企业的“亲”和“清”境界。要实现这种境界，就必须把政府与企业、官员与企业家的关系建立在透明、规范的法治基础之上。我以前讲过法治在市场经济制度基础中起决定性作用。今天想进一步说，法治也是决定新型政商关系的制度基础。中国的法治化进程将决定中国的新型政商关系的进程。

第三，世界经济增速放缓。首先是发达经济体长期经济增长速度的放缓。2016年成为畅销书的一本经济学学术著作是美国经济学家戈登（Robert Gordon）的《美国经济增长的崛起与衰退》。它分析了自1870年至2015年的145年间的美国经济增长，并预测未来美国经济的长期增长率将进入2%以下，而不是通常期望的3%左右。在发达经济体中，欧洲经济增速可能比美国低，日本可能比欧洲低。在金砖四国中，巴西和俄罗斯今年是负增长，今后前景也不乐观，亮点是印度和中国。IMF最近调高今年对中国经济增长的预测，同时调低对全球经济增长的预测。未来几年全球经济增速放缓的可能性大于加快的可能性。

第四，全球化趋势减弱。过去十年间发生的一个重要转折，就是全球化在经历快速强烈发展之后，开始出现减弱甚至逆转的态势。去年以美元计价的全球贸易下降，以本币计价的全球贸易虽然增长，但增速低于经济增长。不仅贸易保护主义在抬头，各国政府的移民政策、投资政策、监管政策等，都有朝着逆全球化方向发展的倾向。

第五，科技创新推动发展但效果复杂。当今世界各国都在鼓励创新。科技创新推动经济发展，但它所带来的效果却不简单。之前的科技创新主要以机器替代人的体力，这一次科技创新则是以机器替代人的脑力。前一段时间AlphaGo战胜人类围棋高手，凸显出人工智能的应用潜力。两年前麻省理工斯隆管理学院的布莱恩约弗森（Erik Brynjolfsson）和麦卡菲（Andrew McAfee）在《第二次机器革命》一书中预测到，这一轮科技创新在提高人均收入水平的同时，还可能会造成大批人失业或无业，这尤其会发生在有知识的人当中。所以我们为科技创新鼓舞，但是对其效果的复杂性不能掉以轻心。

第六，收入分配不平等张力持续。尽管过去30年全球范围内贫富差距在缩小，但是每一个国家内部的贫富差距却在扩大，在一些发达国家其不平等程度回到了19世纪末的水平。收入分配不平等带来的张力不仅是公平问题，也是效率问题，因为它影响政治走向，从而也影响经济走向。

以上这六大趋势和它们之间的交互作用，一定会影响未来中国经济和世界经济的走势。但是，企业和企业家并不只是被动地等待和应对。回顾近代世界经济发展的历史，在推动经济发展的力量中有两条起了决定性作用：一是市场在资源配置中的作用，二是人的创造力和企业家精神。市场根据供求关系配置资源，以此达到资源在已有技术条件下的有效率配置。而经济发展的动力则来源于企业家的创造性活动，就是创新产品，创新生产过程，改变技术条件，改变资源组合和利用的方式。企业家的创新创业活动带来企业发展活力，是推动经济发展的动力。企业家精神对中国经济转型、中国新型政商关系、全球经济增速、全球化进程、科技创新以及收入分配，都发生重要的作用。

因此，在企业家们关注如何被这六大趋势所影响的同时，也应思考自己将如何推动世界的改变。如果说这六大趋势将塑造世界的话，那么企业家和企业家精神将改变世界。当我们展望未来十年的时候，洞察中国和世界经济的六大趋势，思考企业家精神的作用和企业家的责任，比单纯预测更有价值。

（作者为清华大学经济管理学院院长）

中国经济的未来是乐观的

姚　洋

目前中国和世界一样处于一个短期衰退期，但我们没必要过于悲观，中国有一些独特的资源可以应对危机和维系发展，但对这些特殊资源需要更清晰地加以认识，以更好地发挥其作用。

我对中国经济的未来，还是比较乐观的。我的乐观建立在两个基础上。

其一，我不太同意发达国家目前是处于长周期的低潮期的看法，这种看法太悲观。如果去硅谷看一下，一场新的革命可能正在酝酿之中，我们不知道什么时候就会勃兴。至于经济学家之所以会说“长期缓慢增长”，我觉得都是受了短期因素的影响。萨缪尔森说的当然要比这个更加具体一些，他实际上是说宏观政策不起作用了，戈登说的更是长周期。即使是发达国家，我认为都不能说是进入了一个长期的低速增长。

如果发达国家真的进入了长期的低速增长，对中国来说反倒是一件好事儿。理由在于，国外在经济发展低潮期，许多技术用不了，同时中国闲置了这么多的资金，是大量购买的好机会。对于他们来说很多技术是没用的技术，但是对我们而言，这些技术都是宝。我们在技术上相较于发达国家还有很大差距。抄底收购发达国家的高技术企业，是我们完成技术进步的重要手段，目前正是中国赶超的绝佳时机。

日本赶超美国，也是在美国战后最困难的时候，即20世纪七八十年代。当然，日本崛起很多都是在依靠自己的创新。短期内不要指望我们能在技术上超越美国。我们还将是追随者的身份，追随者是我们的优势。

其二，我们往往忽视了国内的巨大差异。中国的国土面积超过欧洲，中国的人口是欧洲的2倍多，即便是中国的地域文化差异，都超过了欧洲。比如，东欧和西欧的城市基本看不出差别，但是在中国，即使是相距不远的北京与保定，其差异也是极为明显的，这就是我们的优势。我估计，中国国内的收敛（经济学术语，意指发展水平较低的国家，发展速度会更快。也就是说，各国的发展水平会趋向接近），再进行15年没有问题。沿海地区的城市化率是将近70%，沿海城市的城市化基本停止了。但是中西部的城市化率还不到50%，差距是15年。再看农业占的份额，差距基本也是15年。在国内经济的发展上，考虑中西部要赶超东部这一因素，我们的潜在增长率，我认为未来十年的平均增长率在6.6%以上。

当然，想要达到6.6%的增长率，还要保持一定的投资率。现在只要一说投资，就有类似“又要走老路”的声音出现，我觉得这种说法似是而非。中西部地区仍有投资机会。私人部门不投资，政府就应该投资。巨量的资金储备总需要消化。

而且，政府如果是靠到股市上去筹资，这是不增加新的货币总量的方式，是很好的一件事，关键是怎么去做。我觉得一季度主要是把货币的闸口打得太大了，但是并不能完全否定这种做法，总归还是要保持一个度，6.5%的目标一定要实现，否则到2020年我们人均可支配收入翻一番的目标实现不了。

现在是一个短期的经济过渡，我们确实处于一个经济增速下行周期。我们需要承认这是一种经济下行，有了这个意识才不会长期悲观，新周期总会到来。过去的20多年间，基本是每7年一个周期。如果这个周期性是正确的，那么从2012年算起，4年已经过去，走出低谷指日可待了，所以没有必要悲观。

（作者为北京大学国家发展研究院教授）

生产力发展趋势断想

朱相远

“时代是思想之母，实践是理论之源”。一切主观的思想理论，都是人们对客观世界（也即时代）的反映与实践总结。从社会发展史看，人类社会经历了农业革命、工业革命，正在经历信息革命。人类正面临400年来的时代大更替、历史大转折、思想大创新、国际力量大改组。只有从这样地大角度提出问题和认识问题，才能发现并及时捕捉到时代更替的深刻内涵和难得机遇，进而才能登高望远，确定时代发展大战略。

每天打开电视或网络，世界万象一片混乱、嘈杂：股票市场跌宕不已，恐怖暴力与军事政变此起彼伏，难民潮不断，气候反常，病毒突变……2008年世界金融危机还不到10年，新一轮危机又将袭来。按理说，工业革命以来，人类创造出从未有过的巨大财富，当代人类生活虽仍有贫富差距，但基本上都能保持温饱，生活水平、文化教育程度、平均寿命、幸福指数等，比起百年前真有天壤之别。但为什么世界反而变得如此纷争混乱呢?

这一切预示，人类历史又一次面临时代的大变革、大更替了。但这次却不是哪位历史英雄所为，而是人类历史上最伟大的力量——科学导致生产力革命所为。这场革命是不以人们意志为转移的。在这场生产力大革命中，人类失去的只能是贫困、愚昧、战乱，而得到的却是文明、和平、幸福。

以欧美为代表的西方世界，同以中国为代表的东方世界，本来就是历史上东西方文化的两大载体。几千年来靠丝绸之路相联系，既有商贸、文化交流，但又基本相安无事。西方世界的一场工业革命，终于打破了这一平衡。自1840年鸦片战争后，西方工业文明逐步摧垮了东方的农业文明，使古老中国沦为半殖民地。

可是淀积了丰厚东方文化底蕴的中国，拥有无比的坚韧性、包容性。首先觉醒的社会精英，终于走出国门，向西方取经，学习先进的科学技术、工业化生产与教育体系，直至学习到马克思主义思想，找到救国图强的理论与革命道路。经过百年的艰苦磨难，终于使中国成为当今世界上令人刮目相待的世界第二大经济体。

有人仍沉湎于历史确定论、命运循环论中，认为国强必霸，成霸必战，而当今战争手段，战必两伤，没有赢家可言。其实，这种悲观论调也是违背历史唯物史观的。

引领人类历史发展的，既不是什么文明间的冲突，也不是大国间的争斗，而是生产力的革命。它使人类不断由必然王国走向自由王国。一次次的生产力革命，推动一个比一个更文明的社会形态。历代农民起义，谁也未曾推翻了封建主义；一场工业革命，却让它永世不得翻身。

西方发达国家经过信息革命，产生了新的生产力，必然有新的社会形态与思想观念与之相适应。至于他们未来的新社会形态，叫不叫社会主义、共产主义，这并不重要。重要的是他们必然要改革资本主义的各种弊端与缺陷，而使新社会形态更加美好，也必定更接近于社会主义。

当今中国在即将完成工业化的同时，已经弯道超车式地闯入信息革命，同西方发达国家处于同一起跑线上。

因此，信息革命在东西方世界同时发生，相向而行，必将汇成浩浩荡荡的历史新潮流，顺之者昌，逆之者亡。从而使大国间的共同点与合作，远大于分歧与摩擦。习近平总书记倡导的新型大国关系、合作共赢的和平外交政策等，必将顺势而发，不可阻挡。

2015年9月28日，习近平总书记在第七十届联合国大会上为打造人类命运共同体提出了5点主张：一是建立平等相待、互商互谅的伙伴关系；二是营造公道正义、共建共享的安全格局；三是谋求开放创新、包容互惠的发展前景；四是促进和而不同、兼收并蓄的文明交流；五是构筑尊崇自然、绿色发展的生态体系。这5点实际上就是引导各国迈向人类命运共同体的“线路图”。

我们比较一下不难发现，习近平总书记的“人类命运共同体”，与马克思一百多年前提供的“自由人联合体”理想，是多么相似！只是习近平总书记的现代版更时代化、现实化了。马克思的初心终被继续发展而具体成型了。

人类命运共同体已不再是一种理想了，而是当今时代特征与社会现实需求的反映。因为信息革命推动人类跨入信息时代，从而为这一愿景的实现提供各种可能的物质手段与条件。习近平总书记提出：“各国应该共同构建网络空间命运共同体，推动网络空间互联互通、共享共治。”信息时代的世界互联网系统，已成为实现人类命运共同体或“自由人联合体”的物质基础与现实可能。共同体是“和而不同”，依然保留各国文化的多样性。

因此，我们必须勇立潮头，灵敏洞悉时代更替，精准捕捉时代机遇，全力搭上信息革命的快车。为不忘马克思关于“自由人联合体”的共产主义初心，为构建人类命运共同体这个宏伟而又现实的目标，而继续前进，并从这个高度出发，来确立我们时代发展大战略。

（作者为全国人大原常委、民建中央原副主席、北京市政协原副主席）

对当前我国宏观经济形势的新认识

刘　伟

随着我国经济进入新常态，社会上对于我国经济形势的认识出现了一些新看法。这里，我主要从中国的特殊性出发来探讨三个问题。

第一个问题：如何看待我国宏观调控中的反危机政策

全球自进入反危机大潮流后，社会上对政策方向的选择看法都不太一样。从我国实践来看，同样存在着一些争论。这主要集中在以下方面。

一是我国这次反危机政策主张是不是出台晚了？这是一个很有中国特色的问题。我国经济在2007年、2008年还是红红火火的增长局面，这种发展阶段的增长态势与其他国家不同。因此，2008年我国政府工作报告提出的政策目标是“双防”：第一防通货膨胀，防从结构性通胀转为总体性通胀；第二防过热，防经济增长过快而导致的过热。这两方面是相关联的，如果目标是“双防”，那么宏观经济政策就应该全面紧缩。可是，这样紧缩到了2008年五六月份，我们就感觉到情况不对了，所以等各种数据出来以后，就做了相应调整，即不再强调“双防”，改为“一保一控一调”：保增长，控物价，调结构。物价问题还是没有从宏观调控目标当中删除掉，双重目标是“保增长、控物价”。我国真正调整过来已经到了2008年第四季度。所以，我国反危机政策出台时间比全球性的反危机举措，大概晚了有半年多。

二是我国这次反危机政策是不是猛了？我国宏观经济失衡的原因与美国、欧洲、日本等不同。世界发生了金融危机的情况大多是金融体系崩溃了，而实体产业没有大问题，是在货币市场失衡的情况下，有货币需求而缺乏货币供给。可是我国是什么情况呢？世界经济衰退导致我国出口受挫，造成内需产能过剩。在这种情况下，我国银行体系本身并没有问题，可是实体产业没有有效的货币需求，所以我国的失衡方向和世界经济危机下的失衡方向是相反的——世界经济是有货币需求而无货币供给，我国是有货币供给而无有效的货币需求。因此，对我国来说重要的是培育对货币的需求来刺激实体经济，对西方国家来说重要的是增大货币供给，往流通当中砸货币。但是，我国采取的政策却和西方反危机政策差不多，大量地向流通当中注资，其结果是实体经济没有有效的需求，使大量的货币滞留。所以，有人就提出了我们的货币财政政策刺激是不是过猛的问题。

三是我国退出反危机政策是不是早了？我国是在2010年10月宣布从反危机的政策轨道上退出的。退出以后，我国面临反危机过程中成本消化的一系列困难和进入新常态以后经济失衡的新形态。这其中既有客观的经济周期性的原因，也有复杂的、不确定性的宏观政策作用，实际上是经济增长速度的换挡期，后危机阶段对于反危机政策成本的消化期，经济深层次的结构性矛盾克服的阵痛期“三期叠加”。相对于更为复杂的经济失衡特别是“双重风险”并存的新失衡，因而有人就提出我国退出反危机政策是不是过早了。

以上三个方面背后实际上都有我国特殊的国情。我们要认清我国反危机政策与其他国家相比存在很大差别，注意总结经验，然后将其上升为经济学说和体系。

第二个问题：如何看待新常态下我国宏观经济的失衡特点

改革开放以来，我国宏观经济政策可以分为三个阶段。第一个阶段：从1978年到1998年。这个阶段除了个别年份，总的来说，我国通货膨胀压力比较大，宏观政策长期紧缩。第二个阶段：从1998年到2010年年底。这个阶段除了2002年到2007年之外，在宏观上主要是内需不足，再加上亚洲金融危机和世界金融危机的前后冲击导致增长动力匮乏。因此，我国主要的宏观政策是扩大内需，我们叫“积极”的财政政策、“稳健”的货币政策。2008年进一步提出“更加积极”的财政政策和“适度宽松”的货币政策。第三个阶段：从2010年年底到现在。从一定意义上可以说，我国宏观经济进入了失衡的阶段，这个阶段的特点用一句话来概括就是：既有通胀的潜在压力，又有经济下行的严峻威胁，是双重风险并存。

当前，在双重风险并存的情况下，我国该怎么办？发达国家在20世纪60年代末遇到了类似的问题，但是从70年代以来一直没有解决，积累的问题很多，经济理论也做出很多调整，现在看来也很难取得系统性的经验总结和统一认识。我国作为一个发展中国家也遇到了这个问题，在宏观调控方面面临着全面、深刻的挑战，这时从总需求方面入手可能是无解的。所以，我国引入了供给侧结构性改革，这不仅是对我国宏观经济失衡特点的思考，而且是对我国宏观经济认识的深化。

第三个问题：如何认识我国供给侧结构性改革实施中的几个问题

关于我国供给侧结构性改革，有几个问题需要在理论上和政策上进行深入思考。

其一，如何处理好供给侧结构性改革中需求和供给的关系。供给侧结构性改革不仅需要需求侧的政策，而且要在两个方面协调好。一方面，供给侧结构性改革需要一定的有效需求作为前提；另一方面，需求在短期之内要适度扩张，要对经济有适当管控。

其二，如何在体制上处理好供给侧结构性管理中政府和市场的关系。供给侧和需求侧的政策有一个很大不同，就是供给侧的政策直接影响的是生产者，而需求侧管理政策更多影响的是消费者，刺激的是需求者或者购买者。在这种情况下就会出现两个问题：一是供给侧结构性改革的政策直接影响的是企业，而企业作为市场主体的权利在经济和法律制度上得不到充分保障和尊重的话，那么就可能导致政府对市场主体行为的过度的、随意的干预，甚至可能退回到计划经济去。二是我们能不能真正地在经济哲学上把市场所要的自由竞争和社会化生产所要求的自觉规划统一起来。在机制上，如果我们把政府和市场的关系真正处理好，那么中国特色宏观经济学在世界上就能立得住。从这个角度来说，我国供给侧结构性改革实际上提出了更深层次的问题，即基本制度下的经济理论哲学问题、价值取向问题。

其三，供给侧结构性改革中短期政策和长期政策目标如何衔接的问题。需求侧管理带有一定的短期性，供给侧管理一定是带有长期性的。供给侧管理更多的事情是前人栽树、后人乘凉。相对而言，地方政府在供给侧结构性改革中的作用空间会更大，因为需求管理对地方政府来说有限，货币不归你管，赤字不归你管，你能做什么？但是供给侧不一样，在供给侧调结构过程中，改善这个地方的教育结构，改善这个地方的资本投入结构等都属于供给侧，所以地方政府可以发挥作用的空间非常大。但是有一条，地方政府官员需要有长远的观念，不考虑长远就是不作为，所以供给侧管理实际上是要求地方政府官员对当地长期负责，这对他们的责任心提出了更高要求。

总之，我国宏观经济的发展有自身特点，无论是反危机政策、新常态下的失衡特点，还是供给侧结构性改革，都具有中国特色，而这种特点实际上都来源于改革开放进程中的中国实践。

（作者为中国人民大学校长）

赢在转折点

迟福林

进入发展新阶段，无论是一个地区，还是一个企业，主要不是赢在起点，而是赢在转折点。未来几年，以结构性改革实现经济转型的突破，对企业、地区、国家来说，都具有决定性的影响。

当前，各方高度关注经济增长前景。要预测一个13亿多人大国的经济增长前景，离不开对经济转型趋势的客观判断。今天，我国经济转型与结构性改革已站在新的历史起点：经济转型的时代性趋势明显、阶段性特点突出；经济转型蕴藏着巨大的市场空间和增长潜力；经济转型的内外环境、约束条件、动力机制等发生明显变化；经济转型面临着突出的结构性矛盾与问题。这就需要用新的眼光、新的分析框架和方法来分析预测我国未来的经济增长前景；需要以结构性改革破题经济转型的结构性矛盾。

经济转型具有历史性新趋势

我国是一个发展中大国，也是一个转型大国。当前，经济社会发展正处在重要的历史转型时期，有如下几大趋势：

产业结构正由工业主导向服务业主导转型。预计到2020年，我国服务业占比有可能由2015年的50.5%提高到58%—60%，基本形成以服务业为主导的产业结构。

城镇化结构正由规模城镇化向人口城镇化转型。预计到2020年，我国常住人口城镇化率有可能由2015年的56.1%提高到60%左右，户籍人口城镇化率有望由2015年的39.9%提高到 50%左右，基本形成人口城镇化的新格局。

消费结构正由物质型消费为主向服务型消费为主转型。预计到2020年，我国消费规模有可能由目前的32万亿元扩大到50万亿元以上，服务型消费比重稳步提升，消费贡献率基本稳定在65%左右，形成消费拉动经济增长的新格局。

开放结构正由以货物贸易为主向以服务贸易为重点转型。预计到2020年，我国服务贸易占外贸总额的比重有望由2015年的15.4%提高到20%以上，初步形成以服务贸易为重点的对外开放新格局。

经济转型呈现阶段性新特点

当前，经济转型的阶段性特点比较突出。增长、转型、改革高度融合；经济转型升级蕴藏着巨大的发展潜力和市场空间。与此同时，经济转型也面临着多方面的严峻挑战，具体表现为如下几个方面：

增长与转型高度融合，增长直接依赖于转型。当下，人们对经济增长比较担心，把“稳增长”看得比较重。从实际情况看，“稳增长”固然十分重要，但更重要的是要打破增长的掣肘因素，通过经济转型有效释放巨大的增长潜力。就是说，主要不是在现有的旧结构下寻找“稳增长”的药方，而是在经济转型新趋势、新结构下挖掘“新增长”的源泉。如果经济转型升级能够取得突破，那么我国有条件在未来5—10年实现6%左右的经济增长。更重要的是，这个增长是有质量的增长，是可持续的增长。

经济、社会、治理转型交织融合，经济转型牵动转型发展全局。首先，经济转型对社会转型和治理转型有重要促进作用，没有经济转型的突破，社会转型和治理转型就很难突破。其次，社会转型对经济转型的影响日益增大。某些社会问题，如养老保险改革，已经直接掣肘经济转型。社会转型与社会建设不到位将制约经济转型，并且有可能增大经济风险。最后，治理转型成为经济、社会转型的重要保障。我国正处于加快国家治理体系和治理能力现代化的关键时期，治理转型不到位，政府与市场关系、政府与社会关系就难以有效理顺，经济转型与社会转型的阻力将明显加大。

经济转型与新一轮技术革命交织在一起，转型的技术影响明显增强。未来几年，以互联网为核心的新一轮科技和产业革命蓄势待发，人工智能、虚拟现实等新技术将给传统生产生活方式带来革命性变化。在科技革命新趋势下，我国经济转型与新一轮科技革命交织在一起，既需要在转型中解决现有的体制机制问题，也需要在转型中积极应对新技术带来的挑战。

经济转型与国际经济格局变化交织在一起，双向影响明显增强。一方面，未来几年全球经济很有可能仍将处于弱增长态势，世界经济格局还在寻找新的平衡之中，这给我国经济转型带来多重影响和冲击；另一方面，作为世界第二大经济体，我国经济转型与增长对世界经济增长与经济格局的影响日益增大。这种双向影响相互交织，加大了经济转型的复杂性。

经济转型决定中长期增长前景

总的来看，未来几年的经济转型，将释放出新的动力，不仅对我国的中长期增长有着决定性作用，而且对全球经济增长和推进世界经济治理格局调整也将产生重要影响。

经济转型将释放中长期增长的动力。例如，产业结构升级蕴藏巨大潜力。过去10年，服务业每增长1个百分点，可以带动经济增长0.43个百分点。如果服务业保持年均两位数的增长，将带动经济年均增长3.8—4.3个百分点，为中长期的中速增长奠定重要基础。

经济转型释放的需求将成为世界经济增长的重要动力源。13亿人的消费结构升级将拉动世界经济增长。2009年、2010年，我国连续两年对全球GDP增长的贡献超过50%，2015年我国经济增长对世界的贡献率超过25%。估计未来5年仍将保持在30%左右。

我国开放转型成为全球自由贸易的重要推动力。当前，全球贸易保护主义抬头，加大了世界经济的不确定性。面对贸易保护主义抬头的趋势，我国要加快实施“一带一路”战略，推进双边、多边自贸谈判进程，推进以服务贸易为重点的“二次开放”。由此，我国成为推进全球自由贸易的重要力量。

以结构性改革化解经济转型的结构性矛盾

当前经济转型既面临历史性机遇，也面临突出的结构性矛盾。结构性矛盾的核心表现在供给结构与需求结构不相适应，需求引导供给的作用没有得到充分发挥。面对结构性矛盾，再用传统的扩大投资规模的办法刺激经济，不仅投资边际效应和对增长的拉动效应将明显递减，而且会恶化经济矛盾和问题，甚至错过化解风险的最佳时期。要解决结构性矛盾，不仅需要结构调整，更需要结构性改革；不仅需要需求侧结构性改革，更需要供给侧结构性改革。具体来说，是两个方面的内容。

一是以经济转型为目标着力实现结构性改革的重大突破。首先，推进服务业市场的全面开放，把服务业市场开放作为新阶段市场化改革的重点。其次，改善企业发展环境，激发企业家精神，依法保护企业家财产权和创新收益。最后，以深化土地制度改革为重点深化农村改革，把赋予农民长期而有保障的土地使用权落到实处。

二是推进以服务贸易为重点的“二次开放”。我国新阶段的开放战略是推进以服务贸易为重点的开放转型，即由以工业市场开放为重点的“一次开放”向以服务贸易为重点的“二次开放”转型。以“一带一路”为总抓手，扩大自由贸易网络，以服务贸易为重点的国内自贸区转型发展，以尽快建立中欧自贸区为重点，推进双边、多边自贸区建设，这既是经济转型升级的内在需求，也是扩大开放的重大选择。

经济转型是一场深刻的变革

新阶段的转型改革，涉及面广，触及深层次的利益关系和发展理念问题，是一场深刻的变革。对此，要有清醒的认识和充分的估计。

经济转型是经济增长方式的深刻变革。改革开放以来形成的增长方式，在特定的历史阶段发挥了重大作用，但与新阶段的经济发展需求不相适应，在某些方面甚至形成了掣肘。经济转型实质上是对传统增长方式的一场深刻变革。

经济转型是行政体制的深刻变革。经济转型的最大困难，是体制掣肘和体制束缚。体制的变革，大都与利益结构调整、行政权力结构调整相关联。这是行政体制改革的重大课题。

经济转型是发展理念的深刻变革。要实现经济转型的突破，需要打破自觉或不自觉的思想禁锢，理顺五大关系，即处理好速度与结构的关系、短期与中长期的关系、政策与体制的关系、政府与市场的关系、顶层设计与基层创新的关系。

我们今天面临的经济转型，其潜在的前景和面临的挑战都是史无先例的，这就需要我们客观把握经济转型的大趋势和大机遇，充分认识新阶段经济转型的长期性、系统性、深刻性、复杂性和艰巨性，充分认识新阶段、新起点下改革的全面性、紧迫性，实现结构性改革的实质性突破。

［作者为中国（海南）改革发展研究院院长］

找到中国经济系统升级的关键

李稻葵

原“中国经济系统”必须尽快完成从 1.0 到 2.0 的升级

最近一段时期以来，北京大学国家发展研究院的林毅夫和张维迎教授再次爆发一场争论，让政府的产业政策这个沉寂多年的重大问题又浮出水面。

中国经济过去的快速成长，并不在于实施了重大产业政策。事实上，从政府实施产业政策的光伏、VCR等领域来看，这些产业政策都可以说是不成功的。例如，今天的海尔、格力都不是当年政府一开始就扶持的对象，深圳的华为也是如此。今天取得成功的众多成长性企业，无论华为还是海尔，往往是在崭露头角之后才受到政府的关注，并在成长的中后期才获得当地政府的重点扶持。因此，中国经济成长的经验，不能简单归结为产业政策的实施。

过去，我们对亚当·斯密的著作有不少片面的认识，认为他单纯鼓励自由化。其实，他在《国富论》第四篇和第五篇里大量谈到政府应该如何帮助市场经济发展，包括女皇为什么要管法庭、女皇为什么要控制美国殖民地外贸、女皇为什么规定美国外贸用的商船必须购自英国而非法国等。亚当·斯密的这些观点，揭示了政府在发展本国市场经济中的作用。过去30年，中国经济成长的基本经验，也可以称为“中国经济系统”1.0版本的经验，是政府协助企业开疆拓土，帮助企业培育、做大了市场。这是中国改革开放迄今以来最根本的特征。

但是，当前这个经济系统的运行碰到了困难，中国经济增速出现了显著的下滑。不可否认，导致经济下滑的影响因素有很多，包括产能过剩以及国际市场需求低迷等，但“中国经济系统”正处在转型升级期是更重要的原因。如同电脑操作系统需要不断更新，1.0版本的“中国经济系统”如今也处于更新的“低能运行状态”。笔者认为，要想走出经济困境，必须完成“中国经济系统”从1.0版本向2.0版本的顺利升级，在这一过程中，有两点至为关键，即政企关系的顺利升级，政府监管质量和水平的顺利升级。

政企关系要顺利升级，在于探寻构建“亲”“清”的新型政商关系之道

在“中国经济系统”1.0版本里，政企密切合作，政府帮助企业开疆拓土，如招商引资、提供工业园区、帮助企业招工、防止劳工闹事等。然而，旧版本的政企关系在促进经济增长的同时，也带来了腐败问题，需要及时升级更新。为此，习近平总书记提出构建“亲”“清”政商关系，即领导干部对企业家既要“亲切”又要“清廉”。

政企关系的改变并非易事，在当前反腐形势的威慑下，一些领导干部工作起来瞻前顾后。所以，推进“中国经济系统”升级的第一个关键点，在于探寻构建“亲”“清”的新型政商关系之道。

如何建立“亲”“清”政商关系？目前谈得比较多的是政治信仰和理想。不可否认，这是基础性工作，即便在西方国家，政治理念也是政府决策者时时要谈的。比如，最近美国印第安纳州政绩不错的前州长写了一本书，叫《挽救共和国》，在美国相当畅销。我在机场买了一本，却读不下去：书里大谈美国共和政体的政治理念，太说教了。

建立“亲”“清”的新型政商关系，显然需要制度保障。从本质上讲，必须建立起一套奖惩分明的激励机制，同时需要一套有效的监督机制。激励机制过去是靠跨地区GDP增速竞赛，即谁主政的地方GDP增速高，谁提拔的可能性就大。

现在看，这套机制太单一、太单薄。太单一是因为GDP增速竞争导致地方官员过分关注短期GDP增速，不顾长期后果，从而造成地方负债过重等后遗症。太单薄是因为提拔的机会太少，越往上越难，因此，往往会有官员不惜拿政治前途冒险去受贿，追求短期个人经济利益。所以，改革的方向应该是大幅提升官员的业绩工资，对每一类岗位提出综合业绩指标，定期考核。更重要的是，各级官员执掌经济、社会重要决策，必须要有高度的职业荣誉感，因此，他们的平均工资待遇不应该低于同样工作资历的民营经济部门的经理人。根据新加坡等国成功的经验，这样一支队伍是有相当的自觉去抵制来自市场经济的腐败压力的。

仅有激励是不够的，监督也极其重要。纪委、审计的监督应该是制度化、长期化的。如果是疾风暴雨式，被监督者的理性反应一定是躲到屋檐下，什么也不干，暂时躲躲风头。风头一过，一切照旧。因此，更加合理的办法是建立长效机制。特别重要的是，由于伴随中国改革开放的是制度的不断变迁，许多今天看来不合规不合法的行为，几年前处于模糊区间。如果按照今天的标准去追究以往的行为，必然会加强上述屋檐下躲雨的行为，从而导致经济系统在升级过程处于半死机的状态。

政府监管质量和水平要升级，
亟须在精准调控、精确监管上下功夫

经历了30多年的快速发展，今日的中国经济已经不是昔日萝卜白菜式的简单市场经济。相反，当前的市场经济形态极其复杂，不是简单的简政放权就能让市场自发地健康成长，而必须对市场进行合理的监管。比如网购平台采用竞价排名的方式，给了假货可乘之机，综合排名高的商品并不都是正品；再比如搜索引擎，竞价排名不但不能及时给用户提供最有效的信息，甚至可能有误导；医药监管也不能听信企业的一面之词，临床试验信息的造假也不是没有先例。这给监管带来了巨大的挑战。

如果面对愈加复杂的市场环境，政府的监管能力没有及时升级提高，就会出现问题。美国金融危机的爆发就是因为“猫的能力不如耗子”，政府监管能力赶

不上金融市场的创新。因此，2.0版本的“中国经济系统”要汲取前车之鉴，及时升级政府精准调控、精确监管的能力，其中关键在于培养一支高素质、高水平、有事业心的市场监管团队，给予这些市场监管人员与市场完全接轨的工资水平，并提升其社会地位，激励其实现对市场的精确精准监管。

在接下来的发展阶段，要想完成“中国经济系统”从1.0版本向2.0版本的升级，就要围绕如何建立“亲”“清”的政商关系、如何实现精准调控、精确监管下功夫。如果能找到这两个关系中国经济升级的关键问题的解决方案，实现经济持续发展，“为人类对更好社会制度的探索”提供的“中国方案”也会受到世界的认可和接纳。

（作者为清华大学教授、中国与世界经济研究中心主任）

当前经济形势对改革提出了新要求

张军扩

前不久，国家统计局公布了今年前三季度的经济数据。综合各方面的情况来看，我认为当前的形势可以用两句话来概括，一句话是经济向好的因素在增多，企稳回升的迹象更加显著；另一句话是经济增长的新动能还不够强大，企稳的基础还需要进一步巩固。下一步的关键是要在保持经济基本稳定、民生继续改善和风险可控的前提之下，着力推进改革。

十八大以来，党中央改革决心之大是前所未有的，特别是党的十八届三中全会对全面深化改革进行了部署。十八届三中全会以来，各项改革也在全面推进，在不少领域都取得了比较明显的进展。目前存在的一个比较突出的问题是，有些方面改革所取得的成效还不尽如人意，特别是一些重点领域和关键环节的改革，其进展和成效与党中央的要求相比，还有一定差距。这里面既有改革进入深水区、难度在加大的问题，也有改革的具体途径、方式、方法方面的问题。下一步深化改革需要着力处理好四个方面的关系。

第一，在改革的内容上，要在坚持供给侧结构性改革这一主攻方向的同时，更加重视推进需求侧的改革，以充分挖掘和释放现阶段的需求潜力，增强和拓展经济增长的新动能。

第二，在供给侧结构性改革中，要处理好政府与市场的关系。结构调整优化的过程本质上是一个市场优胜劣汰的过程，什么技术路线有前途？什么产业和业态前景好？什么产能是过剩产能？什么企业是僵尸企业？等等，都不是能够人为认定的，而是一个市场选择的过程。我们政府如何更好发挥作用，主要是严格执行环保质量安全标准，管好就业、管好系统性风险，需要由市场解决的其他事情应当由市场来解决。

第三，在改革推进的方式上，要处理好顶层设计和基层探索的关系。现阶段强调顶层设计是必要的，同时也要鼓励基层大胆闯、大胆试，否则可能使一些改革陷于争论而裹足不前。习近平总书记强调，中央通过的改革方案要落地生根，必须鼓励和允许不同地方进行差别化探索。在总体原则方向确定的前提下，要进一步鼓励地方、基层结合各自实际大胆试验、大胆创新。同时，要容忍改革者失误，容忍改革失败，为地方基层大胆试验创造良好环境。

第四，在改革动力机制设计方面，要处理好激励和约束的关系。不论是稳增长还是调结构都需要充分发挥广大干部的积极性。30多年来，我国经济的高速增长在很大程度上得益于逐步形成的对各级干部很强的激励机制。现在看来，这个机制在促进经济高增长的同时，也带来了不少问题，对之必须进行改革，以适应新任务、新要求。但在改革中，需要处理好破与立、“堵后门”与“开前门”、约束和激励的关系，以鼓励真正干事创业的干部。习近平总书记多次提出并强调“三个区分开来”的要求，保护那些作风正派又敢作为的干部。只有这样，才能把大家的积极性真正调动起来，把改革真正推向深入。

（作者为国务院发展研究中心副主任、研究员）

为什么要确保6.5%的经济增长速度

刘　伟

在宏观政策方面，现在回到了“松紧搭配”的格局，也就是“积极的财政政策，稳健的货币政策”。所谓“积极的财政政策”，说明财政政策还是扩张的，其首要目标还是保增长，目的是稳定社会的就业；所谓“稳健的货币政策”，是相对于前一个时期宽松的货币政策而言的，但总体方向是从紧的，其首要目标是遏制通货膨胀。现在，“松紧搭配”的格局不能改变，能变的是松紧的力度，既可以朝“松”的方向倾斜，也可以朝“紧”的方向倾斜。松紧力度调整的根据与核心指标是经济增长速度，就是围绕经济增长速度来控制财政、货币政策。那么，经济增长速度应该怎么调？其根据是什么？我认为，应依据2015年政府工作报告的两句话来确定经济增长速度合理的区间。

确定经济增长速度，要考虑国民经济的“需要和可能”

第一句话：“经济增长预期7%左右，考虑了需要和可能”。这里的“需要”就是增长速度的下限，即最低速度。国民经济增长多少，下限因素很多，但核心因素是就业目标。经济增长速度和失业率之间有一个稳定关联，如果其他条件不变，经济增长速度越低，失业率相对越高。所以，在确定一个国家一定时期的最低增长速度的时候，一个非常重要的因素就是要考虑这个国家就业目标的基本要求。

从国外情况来看，美国失业率的红灯线锁定在6%，欧盟锁定在7%。也就是说，超过这个水平，政府就要干预，就要去刺激经济，扩大就业岗位。我国能承受的失业率到底有多大？这个很难说，因为我国二元结构比较复杂。2015年政府工作报告中确定的是4.5%的城镇登记失业率。这个数字看起来很低，但是稍加分析就会发现绝对不低了。其中有两个因素。一个因素是：美国、欧盟的失业率，无论是6%也好，7%也罢，涵盖的面非常广，这些国家和地区的农业劳动力就业比重很低。美国农业劳动力就业比重约2.3%，欧盟农业劳动力就业比重平均在5%左右，因此非农产业的失业率涵盖面已经非常广，涵盖了95%左右的劳动者，农业那块很少。我国是二元经济结构，农村还有32%的劳动力在农产业就业，每年还以几百万的速度向城市转移，冲击城镇的就业市场。另外一个因素是：如果政府要求城镇登记失业率在4.5%的话，地方政府将会出现一些行为的变异，即便有人失业了，地方政府也不让登记，因为一旦登记，政策指标就可能完不成了。从1997年开始，有关部门搞了一个家庭入户调查，即社会调查失业率。调查的结果是，真实情况比一般公布出来的城镇登记失业率要高2个百分点左右。如果城镇登记失业率是4.5%，实际上的失业率在6.5%的水平。要保证城镇登记失业率在4.5%以下，根据我国目前的技术和经济结构水平，就是要实现经济增长6.5%，这就是经济增长的所谓“下限”。

这里的“可能”，就是国民经济能承受的速度。其中，一个非常重要的指标就是通货膨胀率。其他条件不变，一般来说，经济增长速度越高，通货膨胀率越高。所以，在确定经济增长速度上限的时候，通常要考虑在一定时期社会通货膨胀的控制目标。2015年政府工作报告提出的CPI上涨率控制在3%左右，如果以2.5%—3.5%波动区间为所谓“左右”幅度的话，根据现阶段我国的实际情况和经验，经济增长率若在6.5%或略高的水平上，通货膨胀率是能够稳定在3.5%以下的，也就是说，6.5%的GDP增长率，既可满足就业目标（城镇登记失业率4.5%），也可同时满足控制通胀政策目标（CPI为3%左右）的要求。这就是所谓的“需要和可能”。

确定经济增长速度，还要联系国民经济中长期发展的“目标”和“要求”

第二句话：“与全面建成小康社会目标相衔接，与经济总量扩大和结构升级的要求相适应”。实现这个“目标”，经济增长方面要实现比2010年翻一番的目标。10年翻一番年均增长7.2%左右，“十二五”时期均速达到8%以上，因此若时间表不变，仍以2020年为节点，则到“十三五”时期如果经济增长速度平均在6.5%的水平，2020年就能实现比2010年翻一番的目标。所以，6.5%的经济增长速度，无论就中长期增长目标的要求，还是就当前就业目标的要求和控制通货膨胀政策目标的要求来说，都是比较合适的。围绕着6.5%的经济增长率，如果低于6.5%的话，那么“松紧搭配”就要朝着“松”的方向去倾斜，要出台更多的刺激手段；如果高于6.5%太多的话，通胀压力加大，“松紧搭配”就要朝着“紧”的方向来倾斜。

（作者为中国人民大学校长）

大国经济发展的路径之争

张文木

金融化与工业化对立统一于近代资本主义发展进程之中。金融化与工业化两条道路的斗争是理解资本主义发展趋势的关键。金融化根本上是零和游戏，只能让少数人获益而绝大多数人受损，强化新殖民主义，使相关后进国家成为先进国家的经济附庸。工业化是现代化的核心，所谓“中等收入陷阱”实际就是工业化中断或停滞的陷阱。近年来，从一定意义上说中国也面临着某种去工业化的危险。

与江涌同志交往较多，了解他文章所涉大多是关乎国家经济安全的大问题。与目前许多只以经济利润为目的的经济学著作不同，江涌是从民族生死存亡的角度因而是战略角度看问题的。我们成家的人都知道，在家里医生的话比媳妇的话管用，这是因为医生的话往往关乎生死，而媳妇的话多关乎感情。文章同理，好文章当直奔民族的生死存亡。

中国人眼中的中国低碳与美国人眼中的“低碳”中国是完全不同的

国家经济不可没有政治。在这方面今天遇到的很多事情都可以在历史上找到影子，历史上发生过的很多事情也都可以作为今天的镜鉴。

2010年4月15日，美国总统奥巴马接受澳大利亚电视台采访时说：如果10多亿中国人也过上与美国、澳大利亚同样的生活，那将是人类的悲剧和灾难，地球根本承受不了，全世界将陷入非常悲惨的境地；美国并不想限制中国的发展，但中国在发展的时候要承担起国际责任；中国人要富裕起来可以，但中国领导人应该想一个新模式，不要让地球无法承担。这段话的前半段说明了美国确立以中国为目标的"重返亚洲"政策的目的，后半段说明了对付中国的手段。也就是说，发展中的中国如果不能为比中国更为发达的西方让出资源的话，那么中国就应当"让位"：要么像苏联那样被瓦解，要么自觉"低碳"。

但是，中国人眼中的中国低碳与美国人眼中的"低碳"中国，是完全不同的。前者表达的是一个更为发展的技术概念，后者则是一个"去工业化"或"去工业化发展"的政治概念；前者是一个发展方式问题，后者则是一个发展道路问题。对近现代而言，工业力才是发展力的核心，国家间的竞争就是工业力的竞争。因此，剥夺一国的工业力，尤其是重工业能力便成了剥夺这个国家发展能力的关键。1944年8月，美国财政部长亨利·摩根索向总统罗斯福提出了一个"旨在在德国清除纳粹余孽的解除其工业化的激进计划"，罗斯福对此大加肯定。

美国还制订了一个计划要"使德国从依靠自身经济实力就可以发动战争的国家，变成一个必须能和世界经济协调发展的国家"。《罗斯福传》的作者康拉德·布莱克说："实施这个计划等于把7000万德国人全都变成牧羊人、苹果园主和家禽饲养员。"显然，由"牧羊人、苹果园主和家禽饲养员"而不是大工业财团组成的国家经济，自然也就是目前西方人对发展中国家要求的"低碳"经济，也就是奥巴马要求中国人"应该想出"的"新模式"。狼与羊比，羊比狼"低碳"，狼可吃肉，而羊只能吃草。西方人认为自己是可以"吃肉"的，但中国人最好改为"吃草"。这在中国显然是不能接受的。

中国尤其是新中国成立以来的经济发展
是有明确的政治矢量的

邓小平同志在改革开放之初就认识到这一点，他说："整个帝国主义西方世界企图使社会主义各国都放弃社会主义道路，最终纳入国际垄断资本的统治，纳入资本主义的轨道。现在我们要顶住这股逆流，旗帜要鲜明。因为如果我们不坚持社会主义，最终发展起来也不过成为一个附庸国，而且就连想要发展起来也不容易。现在国际市场已经被占得满满的，打进去都很不容易。只有社会主义才能救中国，只有社会主义才能发展中国”。

国家之事不可书生意气，大国经济在任何时候都是要政治挂帅的。林肯统一南北方时，其时南方的棉花比北方的工业品赚钱，经济效益好。短期看，统一的成本与收益不成比例，但长期看，林肯给美国奠定了伟大的国基（即统一的民族市场）。毛泽东搞原子弹，短期看，投入成本与产出效益不成比例，长期看，中国得到了30多年的和平且安全的发展环境。

中国尤其是新中国成立以来的经济发展，是有明确的政治矢量的。今天的中国比历史上任何时期都更接近中华民族伟大复兴的目标。围绕“两个一百年”，即在中国共产党成立一百年时全面建成小康社会、在新中国成立一百年时建成富强民主文明和谐的社会主义现代化国家的宏伟目标，在新的历史条件下深入研究中国经济的政治方向，意义重大。

今天的中国已替代了
当年美国“以争取利益为要务”的角色

马克思说过：“一个工业民族，当它一般地达到它的历史高峰的时候，也就达到了它的生产高峰。实际上，一个民族的工业高峰是在这个民族的主要任务还不是维护利润，而是谋取利润的时候达到的。就这一点来说，美国人胜过英国人。”今天的美国已从“谋取利润”（即以争取利益为要务）的国家异化为“维护利润”（即以既得利益为要务）的国家，其有过的“工业高峰”已异化为军火工业和金融业的高峰。今天的中国，已替代了当年美国“以争取利益为要务”的角色。从江涌同志的《道路之争》一书中可以看到这一点。今天的中国人已胜过了美国人。2007年至2012年，“美国经济学家几乎‘包揽’了诺贝尔经济学奖”，但同时美国经济开始患了“肾衰竭”，在危机中日益不能自拔，国力不振，政治上出现了“占领华尔街运动”。

可喜的是，今天的中国学者，尤其是像江涌这一代青年学者的研究，正在取代以往“以既得利益为要务”尤其是“以西方国家的既得利益为要务”的研究，他们深切地关注着中国自身的国家利益并“以争取利益为要务”，在历史进步的潮流推动下，他们在当代中国快速成长。

（作者为北京航空航天大学教授）

结构性问题集中表现为“四个脱节”

刘尚希

我国当前面临的突出问题是结构性问题，包括经济结构、社会结构和区域城乡结构等等。结构性问题从来都是整体性问题，事关国家发展的可持续性和发展的新动力。在观察研究中，我发现结构性问题集中表现为“四个脱节”。

一是金融与实体经济脱节。这个脱节导致实体经济的萎缩，从深层次导致生产与消费脱节。金融在自我循环、自我扩张。经济在金融化，而金融在泡沫化。金融在不断创新，但主要是在玩钱生钱的游戏，而这些钱很难进入实体经济领域，融资难融资贵是集中表现。一方面，货币供应量在不断扩大，货币政策“放水”；另一方面，利率还是高企，现在融资的成本还是很高。地方的各种投融资平台，包括相当一部分企业，尤其中小企业，融资既难又贵。实际上这些都反映出金融和实体经济之间产生了严重的脱节。

不仅如此，金融自我循环扩张，还产生了一种“虹吸效应”，把实体经济领域的资本吸到金融体系里。影子银行规模迅猛扩大，整个经济的杠杆率不断上升，这都反映出金融与实体经济的脱节。这个脱节问题解决不了，要稳增长、调结构，实现经济转型、升级，达到供给与需求新的均衡，那几乎是不可能的。由此看来，全面深化金融体制改革迫在眉睫。

二是科技与经济脱节。我国财政科技投入不断快速增长，对企业和科研院所的研发，也有很多激励性的政策。即使财政收入下滑，科技创新投入增长还是挺快的。但是，我们现在大量科技投入，并没有有效带动经济增长。我国重视科技创新，但是科技创新与经济是脱节的。主要是因为科技体制改革严重滞后，导致科技与经济脱节。这是一个大的结构性问题，涉及政府与社会的关系。科研院所是创新链条的上游，作为事业单位属于非经济组织，也就是说不属于企业。这意味着针对事业单位的改革既不能按照经济改革的逻辑来推进，也不能按照政府机关的模式来转轨，而是属于社会改革的问题。实现创新驱动发展，关键要解决科技与经济脱节的问题。科技与经济脱节，即使我们的科技创新，也很可能是开车挂在空挡上，你再踩油门也不管用。

三是教育与发展脱节。我国面临的就业结构性矛盾越来越突出，这个矛盾怎么出来的？与长期僵化的教育体制有关。教育和国家发展阶段不匹配，是脱节的。我国的教育，没有及时跟上我们发展阶段的变化来进行适应性调整。尽管这些年在大力发展职业教育，但是效果不是很明显，量升质不优，职业教育培养出来的人，在就业上依然存在不少问题。把这个问题放到整体上来看，我们的教育和发展是严重脱节的。如果这个问题不解决或者持续迁延，创新驱动也很难真正落地。因为创新驱动，要有创新人才，只有教育体制加快改革，才能提供创新性的人才。这关系到长远，是当前结构性改革中一个至关重要的问题。

教育机构多数属于我国体制中的事业单位，教育改革同样属于社会改革的问题。当前教育体制的整体框架还没从高度集中的计划经济模式中摆脱出来，教育机构在性质上多数是政府机关的附属物，自主权缺失，创新性教育缺失。如何全面深化教育体制改革，与科技体制改革一样，都需要纳入政府与社会的关系这个大框架之中来考虑。

四是中央与地方分工合作的关系脱节。发挥两个积极性，中央与地方本来应该是分工合作的关系，怎么把事权划分好，这是一个纵向治理结构的问题。十八届三中全会决定依然讲的是财力与事权相匹配，要达到这个目标，一方面要调整财权，一方面要调整转移支付，更多的是要调整支出责任，要调整事权。

当前国家治理的重心过度下移，会扩大国家治理的风险。从财政支出来看，全国85%的支出是在地方花的，中央只花了不足15%。支出责任的过分下移，意味着行政治理过分下移。如何把适合中央来做的事情交给中央来做，适合地方决策的事下放给地方来决策，这是治理结构改革的内容。当前简政放权主要是针对决策权，推动适合于地方的中央决策权下移。用国家层面治理和地方层面治理的两级治理框架来考虑中央与地方之间的事权划分，是结构性改革必须考虑的核心问题之一。

（作者为中国财政科学研究院院长）

大国真正的竞争在变革

李稻葵

当今世界，各主要文明体都面临着乱象与危机。本质上讲，世界上各主要文明体在进行一场竞赛，看谁能首先通过变革走出当前的困境。这一场竞赛的胜者将会是未来几十年乃至21世纪世界文明的领导者。

中美尤其如此。中美真正的竞争不在南海、不在人民币国际化、不在TPP，而在于谁能通过制度变革，从根本上解决国内问题。

美国当前乱象纷繁：总统大选异常嘈杂，街头和校园的群体性抗争不断发生。其基本原因是过去30多年来全球化发展对美国社会的冲击。美国必须建立一系列基本的、高效的社会福利制度，以此来稳定在全球化进程中失意的社会群体。这就必然要求在全球化进程中受益的一群人，尤其是华尔街，贡献更多的税收。

美国联邦政府75%的税源来自个人所得税，但是个人所得税恰恰是美国收入差距拉大的一个重要来源，而不是缓解社会收入差距的稳定器。华尔街大佬的主要收入来源于资本增值，其税率仅为15%。与之相对，劳动所得的个人所得税税率动辄25%—30%，甚至更高，这显然是引发社会民众广泛不满的直接原因。

在崇尚高度自由和独立精神的美国社会，一方面有天才型的企业家，如比尔·盖茨和乔布斯等；另一方面，却是流落街头、失去社会安抚的低收入人群。

这部分低收入人群往往得不到正式的工作，因为他们长期酗酒、吸毒，难以逾越大部分用工企业所设置的验血要求。

美国的根本优势在于，法治深入人心。竞选的选情再闹、民众的抗议再广，一旦司法机构介入，社会各界基本是认同法院的判断的，这是美国经济社会改革的基石。

欧洲的情况与美国几乎相反，那就是超额福利，政府财政支出一般占到GDP的40%左右，而政府开支的一半是用于社会福利。欧洲的主体，除德国之外，需要进行大规模的社会福利体制改革。德国之所以今日经济在全球经济一片低迷中仍然坚如磐石，根本原因是20世纪90年代总理施罗德所推行的“一揽子”式的社会福利改革。

反观中国自己，也有矛盾，必须直面问题、创新思路，必须提出新思路。这套新思路至少应该包括以下三个方面。

第一，精准调控的现代市场经济。这一点德国是老师。现代市场经济已经广为接受，成为中国政治经济思维的主流思想，但是必须要建立一套体制来精准调控。在这方面，德国、新加坡的经验尤其值得借鉴。

举例说来，在医疗制度方面，既要让药厂、医生、医院等主体的积极性被市场机制所调动，又不能完全让市场信马由缰，必须由政府精准地提出一套政策提供普惠性的基本医疗。

再比如说房地产市场，其行为基础应该是市场经济，从开发商到物业管理、住户、二手房交易等，但政府的调控必须到位——既要保证中低收入家庭的基本住房需求，又要防止房价的大起大落。

第二，法治理念和体制必须生根发芽。这一点美国是老师。在美国任何重大的社会抗争中，从白人阻止黑人上学，到黑人在地方法院遭遇不合理判决后的骚乱；从占领华尔街运动到戈尔与小布什的总统竞选之争，只要上升到法律层面并有司法系统介入，绝大多数民众都能接受。当今中国社会的法律基础还比较薄弱，舆论、道德、政治、人情都在阻碍着法律制度的运行。

第三，必须要有一群有理想、受约束、被激励的执政精英。这一点，新加坡是老师。执政精英必须有崇高的理想，才能在社会上建立起公信，也才能从根本上保持其不腐败。同时有理想的执政精英必须受到约束和激励，必须让其业绩与其得到个人利益相匹配。光靠“讲理想”不可能长期可持续地集聚起一群执政精英；反过来，光靠制度约束和激励也不可能维持一个有理想的执政群体。有理想、受约束、被激励并不矛盾。

如果中国的改革能在以上三个方面取得实质性进展，中国将没有任何悬念地实现经济社会等各个方面的现代化，中国的国际地位将会随之上升，中美当今竞争的格局将会彻底地改变。

（作者为清华大学中国与世界经济研究中心主任）

当前我国劳动经济新趋势新特征

杨宜勇　张　强

基于经济新常态的背景特征，我们认为在适应、把握、引领劳动经济发展新常态方面也应当有所研判，要研究新的阶段性特征和表现。通过对现在和未来我国劳动力市场发展趋势的研究，可以看出，中国劳动经济发展已初步呈现出人才红利、国际劳动、主动创业、公平就业、体面劳动、集体主义、合作者经济、长期雇佣八大趋势。

劳动力市场正在从“人口红利”向“人才红利”转变

“人才红利”是指由于人才的规模增长及其充分利用所产生的超过同样数量简单劳动力投入所获得的经济收益。胡鞍钢认为中国自2010年开始进入人口红利下降期，劳动年龄人口占总人口的比重下降了1.1个百分点，而高中（含中专）文化程度人口占总人口比重从13.72%上升至16.35%，提高了2.63个百分点，明显超过劳动年龄人口比例下降的幅度，标志着我国进入“人才红利期”。

在未来人口红利逐渐消失的发展阶段，实现由“人口红利”向“人才红利”的转变将成为可能。因此，首先要重视并解决好“就业难”，特别是大学生“就业难”的问题。在当前情况下，“就业难”与“民工荒”问题形成鲜明对比，高等教育体制下培养出来的大学生面临严峻的就业考验，应逐步完善高校培养机制，了解市场的需求，合理区分应用专业型大学生和学术科研创新型大学生培养之间的差异，充分挖掘大学生人才资源的优势；其次是通过产业结构的优化升级，提供更多的适合高素质人才发展的工作岗位，摆脱过去过于依赖肌肉经济的模式；再次是大力培养和引进高层次的领军型人才与创新型人才，提高优势人才待遇水平，促进海外优秀的人才回祖国发展等等；最后，在“大众创业，万众创新”的宏观发展背景下，完善的创业环境将会为高素质人才能力的发挥提供更好的平台。

劳动力正在从“国内劳动”向“国际劳动”转变

随着我国劳动力成本上升等产业环境的变化，单纯的国内劳动力已经不能够满足我国产业的发展，向更具发展优势的国家特别是“一带一路”沿线国家转移部分产业，利用沿线他国的劳动力等资源优势来促进我国产业的发展将成为新趋势。

“新常态”经济发展阶段，特别是在“一带一路”倡议的驱动下，推动我国部分国际产业转移是应然的。具体在未来的发展阶段，应积极推动“一带一路”建设相关项目的落实，相关政府部门应尽快制订详实的项目实施规划，明确沿线省市的功能定位、产业布局和资源调整，同时，亚投行、丝路基金等机构可以充分发挥融资支撑作用，加快产业对接合作，促进我国部分产业向沿线国家转移，利用相关国家的成本优势、贸易政策优势等推动我国产业结构的优化升级。

劳动者从“被动就业”向“主动创业”转变

在国家“大众创业，万众创新”的号召下，为迎接我国第四次创业浪潮的到来，要积极推动我国由“被动就业”向“主动创业”转变。

首先，政府层面应进一步深化行政体制改革，加大简政放权的力度，积极推动商事制度改革，更多地取消和下放行政审批事项，落实权力清单、责任清单、负面清单制度，开展“一站式”窗口服务模式，改善创业者的政策环境，激发创业者的积极性。

其次，教育层面应积极完善创业创新教育体制，进一步努力构建科学合理的创业教育管理体系，为培养创业型人才提供政策支持和组织环境。

再次，市场层面应逐步完善公平竞争的市场环境，在遵循市场在资源配置中发挥决定性作用的基本原则下，加快垄断企业改革的步伐，国有企业不能够再单纯依靠行政资源来开展经营，而是应当更多地依靠核心竞争力在公平的市场竞争环境下参与竞争，同时应当逐渐破除地方保护主义，确保市场竞争的公平性，建立和完善企业的征信体系以更好地规范企业的信用行为。

最后，在依法治国理念指引下，逐步完善创业法制环境，为创业者提供稳固的法律保障，完善的法制环境有利于降低市场的交易成本，激发创业者的积极性和创造性，使创业者形成稳定的市场预期，有助于保护他们通过创业形成的财富和权利。

从普遍存在的就业歧视向促进公平就业转变

随着劳动者维权意识、法律意识、公平意识的逐渐增强，必须加快促进公平就业的步伐。

首先，促进完善全国范围内公平就业的相关法律法规、行政性条款。我国现行法律及行政条款中尚存在诸多隐性就业歧视类条款，因此应逐步探索消除现行法律、行政法规中含有歧视性的条款或规定。

其次，增强全社会成员的维权意识。当前情况下努力减少就业歧视的发生还需增强民众的维权意识，政府和司法部门则可以利用媒体手段宣传就业歧视的危害，努力杜绝该行为的发生。

再次，充分发挥工会组织的第三方谈判力量。工会作为员工的权利代表组织，在反就业歧视方面可以发挥关键作用。

最后，继续深化劳动市场体制改革。新时期各地区应当尽快落实户籍制度改革等诸项措施，使劳动力能够更加自由地在不同地区流动，形成统一协调的全国劳动力市场，同时还应当加强劳动力市场公共服务体系建设，加大对就业弱势群体的就业指导和职业培训力度。

劳动者行业状态从“低工资、高风险、低效益”向“高工资、低风险、高效益”转变

“新常态”下的劳动经济阶段，中国劳动者行业状态应当由“低工资、高风险、低效益”转变为“高工资、低风险、高效益”，需要从“不体面劳动”转变为“体面劳动”，而这离不开我国产业结构优化升级、体面劳动制度干预等配套措施改革。

首先，产业结构升级是行业状态转变的关键。我国经济正处在从要素驱动向效率驱动、创新驱动迈进的关键时期，在“中国制造2025”的建设布局下，随着我国新兴战略性产业的培育发展，国际产业向我国转移已不再局限于传统的劳动密集型低端行业，而是呈现出产业结构和转移方式双调整的特点。

其次，制度完备是劳动体面转型的依托。未来我们应积极推进社会保障全覆盖，促进社会保障制度体系公平可持续发展，落实带薪休假全覆盖，切实提高技术工人的待遇水平，依法严厉抵制部分地方和企业使用童工、非法用工、拖欠工资、不签订劳动合同等违法行为的出现，加强劳动行政执法监督，促进实施更加积极的就业政策，提供更多的劳动者就业机会等，以促进体面劳动的完全实现。

劳动关系正从个人主义向集体主义转变

中国传统的劳动关系是具有从属性的个体劳动关系，在这种关系模式下，劳动者单兵作战，个人权益受到侵害时较难有效地维护，适应市场经济发展的集体劳动关系的建立有利于促进社会公平和正义，在资强劳弱的情况下，通过集体谈判，有助于通过合法有效的渠道解决劳资双方的矛盾，维护社会稳定。

推动劳动关系的集体主义将成为中国劳动经济的新常态，具体来说，未来我们应当推进以下几个方面的工作：首先，完善集体劳动关系法律制度建设，在集

体劳动关系的法律中，主体权利制度应当是重中之重，劳动者的集体争议权、团结权和集体谈判权是劳动法中劳动者的最重要的基本权利，是保证劳动者的独立合法地位、保障劳动者从事正当行为的前提和基础。其次，正视政府在三方协调协商机制中的定位，随着我国市场经济体制的进一步深化改革以及经济发展模式的转变，政府作为三方机制中的一员，应尽快努力转变长期形成的企业和劳动者之间“资强劳弱”的劳动关系格局，促进劳资双方力量之间平衡的进一步实现。再次，充分发挥工会组织的衔接纽带作用，工会组织作为员工的权利代表，应当竭力为劳动者和企业提供博弈平台。最后，增强劳动者的集体劳动关系意识，在实践中，政府和企业都应当积极宣传集体劳动关系知识，特别是增强员工对集体劳动合同的了解，鼓励员工积极组建和参与工会活动，增强员工对集体劳动合同和工会的认同度，切实参与到维护自身权益的过程当中。

企业员工角色从单纯的“打工者”向“合作者”转变

党的十八届三中全会提出，允许混合所有制经济实行企业员工持股，形成资本所有者和劳动者利益共同体。员工持股计划是一种长期绩效奖励计划，通过规定让员工持有本公司的股票或期权，能够使其产生长期的工作激励，这实质上体现的是劳动者由“打工者”向“合作者”角色的转变。

经济发展进入“新常态”，传统的雇主员工关系发展也步入新的阶段，积极推动员工持股计划和员工长期雇佣制度的落实将成为新形势下劳动就业“新常态”的表现。

未来一段时期内推动员工持股改革应当注重以下方面：首先，在推进员工持股制度落实时应尽快对员工持股制度展开立法调研，促进制定和完善全国统一的员工持股法律法规。其次，注重员工持股制度科学激励作用的发挥，科学高效的股份分配比例设计关乎该制度激励作用的最终发挥，分配比例应当保证员工更广泛持股的同时兼顾效率。最后，防止员工持股制度配套改革过程中的国有资产流失。本次员工持股制度的改革是在新一轮国企改革的大背景下实施的，根据以往的实践经验，国有资产的流失是不容规避的问题，在当下的员工持股制度改革过程中，应当注重坚持在不耗损国有资产已有存量的基础上分享企业发展增量收益，这样才能有利于激励员工努力工作，扩大企业未来的发展空间并能够支持国有企业的发展。

企业对工人的雇佣正在由“短期雇佣”向“长期雇佣”发展

企业选择短期雇佣还是长期雇佣，与该企业所属行业及企业的资本、劳动力密集程度、技术等具有直接的关系。长期雇佣是指企业将员工看作企业的基础资源，以企业可持续发展为目标长期开发员工的潜力。劳动雇佣制度是指作为资本所有者的企业主为取得劳动的使用权而向劳动者支付工资的制度。我国企业普遍存在雇佣短期化的现象，比如普遍存在的员工年龄服务业超过25岁、制造业超过35岁受到一定歧视等，未能意识到雇佣合同期限对员工心理因素的影响作用，而实际上企业若仅仅用短期合同来管理员工，则高效率的或熟练的工人不能保住，这对于企业的长期经营绩效会产生损害。

对工人的使用长期化，日本提供了“终身雇佣制度”的典范，该制度能够使得日本企业的员工积累丰富经验，保持高端制造业的长期竞争力。与日本长期雇佣制度相比较，我国则明显呈现出雇佣期限较短的现象，但借鉴国外先进经验也应当是建立在适合我国国情的前提之下，只有与本土社会文化最相适应的雇佣制度才能最大限度地发挥作用。我国“新常态”经济发展阶段，在现代企业制度建设进程中，当然要重视软技术与长期竞争制度的融合，注重培育企业的长期竞争力，终身制的雇佣制度可能不合时宜，但延长雇佣期限，增强员工信心，提升企业竞争力将成为必要。

（作者单位：中国宏观经济研究院社会发展研究所、
中国人民大学公共管理学院）

谈宏观调控决策机制与时俱进

李　扬

在本轮危机前20余年的全球“大稳定”时期，除了“新新古典综合”曾掀起过几朵浪花，宏观经济理论的发展是相对缓慢的。由于经济持续繁荣，宏观调控也乐得“无为而治”。自2007年危机以来，宏观经济理论固然仍然在细节上缓慢变化，但宏观调控的实践却明显增添了丰富的内容。

准确判断形势并对症下药，是反危机实践中的亮点之一。

众所周知，宏观调控的金科玉律是“逆风向而动”。但是，在具体的操作中，如果我们没有对经济运行之“风向”的性质和特点有深透的了解，那么，政策效果事与愿违是极可能发生的事。因此，在调控的实践上，我们至少需要区分出三种情况。倘若判定经济波动源于某种短期冲击，如石油或大宗产品价格异动，宏观政策应遵循“不过度反应”的准则。如果判断经济波动源于周期性变化，那就应当动用反周期的调控手段。确定增长率、物价、就业等宏观变量的“合意水平”，并采取各类调控手段使上述变量保持稳定，借以“熨平”波动，是应对周期波动的宏观调控的基本格局。如果认定经济的波动呈某种长期趋势，使得经济的潜在增长率和资源利用能力长期偏离其当前的均衡位置，宏观调控应当采取比较剧烈的手段。这样做的目的，是让社会公众迅速产生新的预期并尽快适应新的格局，形成调控当局所希望的一致行动。美国经济恢复在发达经济体中领先，与他们的宏观调控见机早、动作快密切相关。

中国经济进入新常态，标志着我们正面临一种趋势性转变的大格局。面对如此变局，我们的宏观调控应当清晰、简单而明快。如果在态度上“犹抱琵琶半遮面”，措施上一点一点地“钝刀子割肉”，很可能会使社会公众的预期分散化，其效果可能事倍功半。

以公众容易感知的方式来矫正货币政策的传导机制，是发达经济体救助危机新实践的又一亮点。

传统上，宏观经济政策特别是货币政策靠的是“货币幻觉”来发挥作用。其操作格局是：在保密状态下制定出调控政策，并在某一时刻突然向社会宣布。由于这项调控出乎大多数企业和居民的意料，必然对企业和居民的收入/支出格局产生冲击，必然使他们的现金流状况受到影响，面对此状，人们强烈感觉到调整经济行为的必要性并或迟或早采取行动，宏观调控因此达到预期目标。

依靠货币幻觉的传导机制很早就受到质疑，如今更不再被人提起。发生这种变化的实践基础，在于经济的信息化和市场的一体化。如今，货币市场和资本市场，债券市场和信贷市场，国内市场和全球市场，都是密切关联的，因此，任何一个市场中发生的任何变化，都会即时地影响到其他市场；互联网经济的深入发展，更使得信息几乎可以即时获得并有效传导。在这种条件下，企业和市场所获得的信息不会少于宏观调控者，他们有关宏观调控的手段、传导、时机和目标等等的知识，十有八九会超过决策者。换言之，企业和市场完全可以理性地预测到调控者的各种政策及其可能产生的冲击，从而预先行动，使得调控政策“失灵”。

面对这种格局，宏观调控的要义是“说实话”，是与市场“互动”，以期获得社会公众的信任和配合。也就是说，透明度和可信度，如今是决定宏观调控成败的两个最关键要素。例如目前，美国正在同我们上演透明度这出戏。美联储早在两年前就宣布要加息，并公布了加息的理由，市场也早就据此进行了调整。到了开会议息之时，又可能有人举出市场走势的变化和若干指标的偏离，声称加息时机尚不成熟，如此等等。在近两年的时间内，美国的调控当局同市场、同全球反反复复地博弈。经过这样的过程，等到加息决定真正做出，其影响也就没有那么剧烈，因为所有的政策影响都已经产生，所有的调整也均已进行完毕。

这一例证告诉我们，在市场化、一体化、均匀化，在市场信息高度透明化的情况下，调控者和被调控者之间的关系是合作博弈，他们之间反复“对话”，反复“协商”，最终共同实现调控的目标。在这一过程中，决策者的可信度，决策过程的透明度，决定调控政策成败。

长期以来，我国宏观决策似乎是个“保密”工作，决策依据和决策过程等亦不大对外公开，政策的调整也大都选择在周末，调控政策的实施还局限在一定范围内的层层“传达”。我认为，在高度信息化的互联网时代，这种决策机制也应与时俱进了。我们高兴地看到，十八届五中全会以及中央经济工作会闭幕后不久，会议的各项主要文件和领导讲话便已全文面世，这说明，我国的宏观调控机制正与时俱进，迈上了新的台阶。

（作者为国家金融与发展实验室理事长）

对一些经济反常现象应理性分析

白重恩

当前的中国经济有四个反常现象，很难用传统的经济学教科书理论解释

在考察经济结构转型与经济增长时，除了传统的投资与消费间的结构外，还要强调投资结构，即不同类型投资之间的关系，有三个原因：一是投资结构刻画了中国经济的基本特征；二是投资结构可能带来很大的影响；三是要想改变目前的投资结构难度很大，还可能形成陷阱。为什么投资结构反映了中国经济的基本特征？这可以用四个反常现象来说明，这些现象很难用传统的经济学教科书理论推导出来：

第一，尽管经济增长速度在下降，但实际利率在上升。一般情况下经济增长下降的时候，投资乏力，对资本的需求减少，实际利率应该下降。但实际情况正好相反，经济增长在减速，而实际利率一直在上升。

第二，经济增长减速，但是劳动力成本增长的速度仍然很快。即使剔除价格因素，劳动力成本的实际增长速度仍然超过GDP实际增长速度，这也是一个反常现象。因为当经济增长乏力的时候，对劳动的需求会减少，所以劳动力的价格也应降低，但是我们看到的正好相反。

第三，尽管实际利率在上升，但是资本的回报率在下降。这也是一个反常现象，因为人们之所以愿意选择支付一个实际利率，必须是资本的回报率要高于实际利率。当资本回报率降低的时候，实际利率应该下降，而我们看到的现象正好相反，即资本回报率下降，但实际利率在上升。

第四，劳动力成本在上升，却出现了通缩。这也是不应该发生的事，一般来说，工资增长是造成通货膨胀最主要的原因之一，如果劳动力成本不断上升，应该发生通胀而不是通缩。

这四个通常教科书理论不能解释、在其他国家也难以观察到的现象，是中国特色，而要解释这四个现象必须研究中国的投资结构。

经济“新的二元结构”可以解释中国经济中的一些特殊现象

为了把中国投资结构的特殊之处讲得更清楚，可以把整个经济分成两个部门：一个是政策扶持部门，另一个是市场部门。这可以叫作中国经济“新的二元结构”。政策扶持部门的范围要比国有企业更大，因为如果政府要投资更多的公路，修公路的企业并不一定全部是国有企业，一旦政府投资大量的钱修公路，修公路的企业即使是民营企业也获利了，所以这里讲的政策扶持部门是范围更广的部门。而有很多政策扶持部门的企业不仅存在该垮台没垮台的软预算约束问题，而且在大家都不盈利的时候，它可能还在盈利，这就超出了软预算约束的范畴。

这与前面说的四个现象有什么关系？第一个现象，实际利率在上升，因为政策扶持部门所占的资源越来越多，包括资本，而市场部门能获得的资源就少了，政策扶持部门挤压了市场部门，使得市场部门的成本增加，也就是说，资本的成本增加了，因为大量资本用在了政策扶持部门，所以市场部门的实际利率就上升了。劳动力也是如此，当政策扶持部门扩张很快的时候，需要雇佣大量的劳动力，所以市场部门就要为劳动力付出更高的成本，这就解释了第二个现象，经济下行的时候还会有比较高的劳动力成本增速。第三，当政策扶持部门越来越大的时候，对市场部门的挤压越来越严重，所以劳动力成本上升，工资成本上升，而政策扶持部门的效率和市场部门相比又较低，资本回报也较低，当资本回报较低的部门在经济中占的比重越来越大时，总体回报率就会下降，这解释了第三个现象。第四，为什么劳动力成本上升这么快的时候会出现通缩，这跟软预算约束有很大的关系。尽管劳动力成本上升，但是有一些企业的成本受劳动力成本上升的影响很小，因为这些企业是软预算约束的，即使亏损了还会继续生产，当这些部门有过剩产能的时候，就会造成通缩。对这类企业扶持的力度越大，通缩的情况可能就会越严重。所以，政策扶持部门和市场部门这样一个结构变化，政策扶持部门越来越大这样一个现象，可以解释中国经济中一些非常特殊的特征。

走出靠扩大投资来维持经济增速这个怪圈，首先要容忍增长率的短期下降

付出的资本成本高而得到的回报低，必然造成另外两个问题：一是企业面临的风险加大，企业的盈利下降；二是企业的债务上升。因为企业的收入不足以还债，所以有一些企业借新债还旧债，债务不断扩大，同时，实际利率还比较高，造成了进一步的债务上涨压力。不仅仅是投资回报率下降，衡量整体经济效率的重要指数全要素生产率的下降也和投资结构有关。对中国30多个省份、从1978年到现在的全要素生产的数据加以分析就会发现，全要素生产率的增长速度和投资结构有明显的关系。

为了走出这样一种结构，需要降低政策扶持部门扩大的速度，降低政策扶持部门投资的速度。但是这样做，短期来看会导致增长率下降。如果不能容忍增长率下降过多，就必然走不出靠扩大投资来维持经济增速的怪圈。

想走出这个怪圈，首先，要容忍增长率的短期下降。从一个增长模式转变到另一个增长模式，会有一个过程，在这个过程中，增长率自然会受到一定影响，如果不允许增长率临时下降，就不可能完成这样的调整。其次，财政政策应该从刺激性的投资转向降低企业成本这个方向。政策扶持部门的投资造成的挤压效应，导致市场部门的企业成本过高。我认为，解决办法有三：一是通过财税手段降低企业成本，比如减税，更重要的是降低社保缴费率，这就可以有效降低企业

的劳动力成本，至少给企业一个喘息的机会；二是推进国有企业改革，如果让国有企业占用的过量资源有效释放到市场中，并且能盘活，让它更有效地被使用，也可以部分解决这个问题；三是政策扶持部门和市场部门新的二元结构，可以帮助我们设计更好、更有针对性的货币政策。

（作者为清华大学经济管理学院副院长、教授）

难在比较客观地看世界

周其仁

学经济会遇到很多困难。其中一个困难，就是我们在分析经济现象的时候，常常不知道何处用心，何处用脑。这里所谓“用心”，就是对任何经济现象，我们总有自己的情感、好恶、是非标准或道德标准。所谓“用脑”，就是对经济行为的逻辑有一个理智的判断或推断。人是万物之灵，灵在人有情感，又有理智。困难在于，在分析经济现象的时候，人的情感与理智常常容易用错了地方。

让我从简单的事情谈起。我们都看过非洲饥民的照片，特别是那个孩子，怎么可以饿成那个模样！任何人看到了，心灵和情感都不可能不受到冲击。要不要援助他们？只要力所能及，很多普通人都愿意伸以援手。要是国家出面援助，民众一般都赞同。至于那些富裕国家出手援助，大家更觉得理所应当。这是什么力量使然？当然是同情心。

但是，所有这些来自公众个人和国家的援助，能不能真正落到非洲饥民手里、真正帮助了那些非洲饥民呢？这就不是靠心灵和情感就可以回答的问题了。我们都看过围绕这些援助物资和款项的丑闻报道，从联合国高官到受援国家和地区的权势人物，贪污腐败，上下其手。我自己看过一个实地观察的记录，是那些免费的救援粮食和物资到了非洲以后，经过若干腐败环节的倒腾，最后交给不法商人到市场上出售。结果呢？不但那些饥民没有得到救援，而且那些本来还可以种粮食和做手工品的农民，也被这种“竞争”搞破了产，成为需要被救济的人。

这说明任何来自同情心的救援性资源，并不能自动落到最需要救援的人群手里。在有的情况下，善良的救援愿望甚至引出了损害被救援人群的实际结果。当事与愿违的事情发生很多的时候，以下逻辑就开始工作：人们的同情心被抑制或者萎缩，社会可动员的救援资源就远远低于本来可以达到的水平。

学经济，难就难在这个地方。观察到任何一个经济现象，人们不可不用心，也不可不用脑，可是用心用脑如果用错了地方，那就全盘皆输。要克服这个困难，我们不但要关注行为的动机或愿望，而且一定要观察行为的结果和实际效果，对事与愿违的事情，就要想办法改进。

再举一例。1988年夏天，留美经济学会邀请国内几位同行参加他们的年会。带队的是当时国务院发展经济研究中心主任孙尚清，现在已经过世了。那时他们有一个调研题目，就是中国的留学生政策。背景是邓小平主政之后，中国大批向海外派留学生。其中一个问题，就是很多专业领域优秀人才，在美国学习完就被留下了，成了他们的高级人才。优中选优挑出来，最后成了发达国家的科研人才，中国岂不是吃了大亏？所以当时有人主张收缩中国的留学生政策。

这样的主张，看起来不仅用了心，而且用了脑——因为已经算过了账，在中外科技人才的生活和科研条件存在极大差距的情况下，大派留学生等于给发达国家输送人才。但是孙先生带领的这几位经济学家，考察了美国东西两岸许多大学和研究机构之后，却得出了另外一个结论：要是收缩留学生政策，中国与最前沿科研水平的信息通道就被收窄了，因此即使中国人才留在发达国家工作，对国内发展科技也是有利的。从长远看，只要中国的经济、产业和科研机会增加了，一定可以吸引更多的人才回国服务。因此孙先生主持给政府提交了一份报告，主张从长计议，甚至在一个阶段里不怕“把人才储备于国外”，也要坚持开放的留学生政策。

回头看，这个主张不但用了脑，而且用脑到了位，因为打算盘有多种打法，算大账不同于算小账。现在的留学生当然也没有个个都回国，但学成回国的，特别是在国外事业有成后回国服务的，蔚然成为潮流和风气。就是留在国外工作的，也扩大了国人的视野和接触国际机会的信息通道，对中国的发展大有帮助。

更重要的是，“人才”不是一个固定的存量，出去一个就绝对减少一个。前人学有所成（包括在国外有个好前程）会激励后人更努力地学习，涌现更多的人才。加到一起，当时坚持开放的留学生政策是正确的。倒是那些“为他人做嫁衣裳”的高调指控，不但用脑不到位，而且也谈不到用心良苦——一个坚持封闭的国家，怎么可能真正科技强大?

类似的辩论，数不胜数。我的看法，学经济难就难在不容易做到把情感的因素尽可能地放在一边，比较客观地看世界。不是说不要情感、不讲是非，但是一定要把情感、愿望与事情本身的规律和结果，冷静地分开来处理。

有时候真的很羡慕自然科学家，他们少有这样的困扰。推断地震的发生条件，一般不会被人怀疑“喜欢地震”，正如研究艾滋病，通常不会被怀疑“究竟拿了艾滋病毒多少好处”。研究人在社会里的行为，麻烦从来就比较大。用脑得出的见解和判断，要经受情感甚至情绪的蹂躏和审判。

（作者为北京大学教授）

六问：实体经济发展新动能从哪里来

刘志彪

中央经济工作会议把大力振兴实体经济、培育壮大新动能作为2017年经济工作的一个重要任务来部署，一方面说明我国在新常态的政策框架下，已经形成了以新发展理念为指导、以供给侧结构性改革为主线的有力的政策支撑体系和行动序列；另一方面也客观地表明，面对经济缓中趋稳和不断分化的趋势，目前资本的“脱实向虚”倾向令实体经济发展的挑战加大，结构纠偏的任务重大而艰巨。在现在这样一个新的历史方位上，中央提出，我国经济运行面临的突出矛盾和问题“根源是重大结构性失衡”，要求大力振兴实体经济、培育壮大新动能，必然会对中国经济健康发展起到积极的奠基作用，其相关的经济政策也必然会产生纲举目张的效应。

实体经济是国民经济的核心和基础，是国家竞争力的根本来源。现在虚拟经济发展过度了，必须回归它的原有功能。只有让虚拟经济回归自己的基本功能，发展实体经济的成本才能降低，发展环境才能优化，发展新动能才能形成。

提问一：怎么分类看待过剩产能以便做好去产能工作？

用市场、法治的办法做好去产能工作。去严重过剩的产能，是为了重新恢复实体经济的正常供求关系，推动实体经济企业持续复苏和振兴。落后产能主要有三种：在技术层面，指以落后技术和工艺装备为基础的生产能力；在市场层面，指丧失了竞争力的生产能力；在政策层面，指环保、能耗、质量、标准、安全不达标、不合规制的生产能力。用市场、法治的办法去产能，就是要把前两类落后产能全部交给企业和市场调节。而对第三种落后产能，政府应抓住处置“僵尸企业”这个牛鼻子，严格执行相关法律法规和标准，以各种准入门槛来完成淘汰目标，加强规则意识，减少计划意识；加强选择意识，减少指令意识。这是良性产能治理的要件。

提问二：为什么要把降低企业杠杆率作为重中之重？

在控制总杠杆率的前提下，把降低企业杠杆率作为重中之重。给实体经济企业去杠杆，既是为其减负增利，也是为了防止出现金融风险。当下，由于地方政府债务与企业债务搅在一起，很难区分其边界，因此重点去企业杠杆十分必要。另外，现在中国企业负债也很高。这样下去必然会危及和掏空实体经济，使我国经济提前进入产业空心化的时代。维持降低企业杠杆率，一是要支持企业市场化、法治化债转股；二是要加大股权融资力度，降低银行贷款比率；三是要加强对债务的软性预算约束的管理，强化企业自身对债务杠杆的硬约束。

提问三：怎样降低实体经济企业成本？

要给实体经济企业加大减税、降费、降低要素成本的力度。降成本具有双向调节供求关系失衡的政策含义。现在成本的高低问题，由于涉及产业转移，已成国际产业竞争和国内经济政策的焦点。从成本视角推动供给侧结构性改革，可以取得立竿见影的发展效果。降成本包括降要素成本和制度成本两块。前者最重要的途径是提升生产率，推动企业眼睛向内降本增效，如降低企业用能成本，降低单位产品的原材料成本等；后者就是要通过制度改革，降低各类交易成本特别是制度性交易成本，如减少审批环节，降低各类中介评估费用，降低物流成本，提高劳动力市场灵活性，等等。

提问四：如何优化市场、产业组织等外部环境来振兴实体经济？

在提高质量、创建品牌、创新驱动等供给侧结构性改革的措施外，这次中央经济工作会议还提出了两个振兴实体经济的直接有力的措施，它们是发展实体经济的崭新视角：一是要建设法治化的市场营商环境，加强引进外资工作，更好发挥外资企业对促进实体经济发展的重要作用。这是中央明确地把吸收FDI与发展实体经济联系起来，对于促进引进外资工作具有“拨乱反正”的重要意义。二是从优化产业组织的角度，提出了大中小企业协调发展的要求，即要提高大企业素质，在市场准入、要素配置等方面创造条件，使中小微企业更好参与市场公平竞争。通过优化产业组织来振兴壮大实体经济，这个办法有很多优越性，政策操作的空间也很大。如新日铁占日本钢铁产量、浦项占韩国钢铁产量均是50%以上，而宝钢和武钢合并后，仅占中国钢铁产量的7.6%。因此产业组织程度低，是我国各行业大规模产能过剩的根源之一。

提问五：怎样从房地产角度为实体经济创造低成本的发展环境？

通过抑制房地产泡沫，为实体经济创造低成本的发展环境。一是坚持“房子是用来住的、不是用来炒的”的定位，让其回归消费品功能。这将为制造业降低成本、鼓励创新创造良好氛围。二是提出房价上涨压力大的城市，可用增加土地供应的办法来缓解压力的举措。其实，这不仅要合理增加土地供应，而且还要提高住宅用地比例，盘活城市闲置和低效用地。这是降低这些城市房价上涨预期的根本办法，将会对房价持续上涨产生重大的抑制效果。三是要求特大城市要加快疏解部分城市功能，带动周边中小城市发展。这是要大力发展城市群的重要信号，不仅可以抑制这些功能过于密集的城市的房价上涨，也可以对三四线城市产生去房地产库存的效应。

提问六：如何奠定实体经济企业发展的制度基础？

通过深化国企改革，以及加强产权保护制度建设，为实体经济企业奠定发展的制度基础。一方面，混合所有制改革是国企改革的重要突破口，按照完善治理、强化激励、突出主业、提高效率的要求，在电力、石油、天然气、铁路、民航、电信、军工等领域迈出实质性步伐，加快推动国有资本投资、运营公司改革试点，以此奠定我国国民经济的基础。另一方面，则要抓紧编纂民法典，加强对各种所有制组织和自然人财产权的保护。坚持有错必纠，甄别纠正一批侵害企业产权的错案冤案。这对于稳定民营企业家的预期、提高近年来逐步下降的民营企业投资的积极性，也具有基础性的支撑作用。

（作者为江苏产业经济研究院院长、南京大学教授）

破解中国经济“重大结构性失衡”

张占斌

刚刚闭幕的中央经济工作会议公报指出，明年我国经济发展的主题是“稳中求进”。如果还需要再强调什么，那应该再加三个字：“防风险”。如何实现“稳中求进+防风险”？就是要下决心破解中国经济“重大结构性失衡”之难题。这个难题，一些大国也曾经遇到过，我们不回避矛盾，要敢于亮剑闯关。现围绕中央经济工作会议公报内容，对一些新精神新提法进行解读。

对稳中求进工作总基调的重要性有了更加深刻的认识和更加明确的揭示

会议提出，稳中求进工作总基调是治国理政的重要原则，也是做好经济工作的方法论，明年贯彻好这个总基调具有特别重要的意义。稳是主基调，稳是大局，在稳的前提下要在关键领域有所进取，在把握好度的前提下奋发有为。可以说，中央经济工作已经连续六年定调“稳中求进”。但需要注意的是，过去几年稳中求进虽然是经济工作总基调，但基本没有展开论述。这次突出强调和展开论述，并提到治国理政的重要原则和做好经济工作方法论的高度，寓意深刻，针对性很强。稳中求进工作总基调的特殊意义在于：一是要为党的十九大胜利召开创造稳定的经济社会环境；二是要特别注重采取果断的措施化解各种经济风险；三是奋发有为的改革也要把握好有利于稳的度。

对宏观经济形势总的特点和势头的研判是缓中趋稳、稳中向好

去年中央经济工作会议提的是“稳中有进，稳中有好”，今年强调“缓中趋稳”，说明经济下行的压力还有，但逐渐放缓，稳增长的效果已经表现出来了。一些经济数据表明，经济企稳和筑底的迹象开始出现，也就是说2017年很有可能成为我国经济发展阶段性的底部。强调“稳中向好”，说明中央目前对经济下行压力一直很关心，但坚持底线思维，保持着战略上的定力。从各种情况上看，中央对经济增长适当放缓是有容忍的、认可的，不搞量化宽松，不搞大水漫灌，不追求以往那种高增长或超高速增长。由于经济增长中结构调整向好的方向发展态势明显，更是增加了信心，留出空间，注重结构调整，登高望远，更加注重经济成长的质量和效益。

对妥善应对风险挑战和来之不易的“十三五”良好开局成绩予以充分肯定

2016年，坚持稳中求进工作总基调，坚持新发展理念，以推进供给侧结构性改革为主线，适度扩大总需求，坚定推进改革，妥善应对风险挑战（去年是“重大风险挑战”，因为发生了股市的剧烈波动。今年把“重大”去掉，说明今年总体上还是控制住了风险），引导形成良好社会预期，经济社会保持了平稳健康发展。经济运行保持在合理区间（今年实现6.7%的增长可能没有悬念），质量和效益提高（服务业发展很快）。经济结构继续优化，创新对发展的支撑作用增强。改革开放取得新突破，主要领域“四梁八柱”性改革基本出台，对外开放布局进一步完善。人民生活持续改善，精准扶贫、精准脱贫全面展开，贫困人口预计减少1000万以上。生态环境有所好转，绿色发展初见成效。这些亮点表明，我们实

现了“十三五”良好开局。这些成绩来之不易，是在经济下行压力很大的情况下，稳中求进、守住底线、久久为功取得的，必须充分肯定。

从四大方面对我国经济运行面临的突出矛盾和问题进行了冷静理性的研判

今年的中央经济工作会议点明了经济运行问题，讲了四个主要方面：产能过剩和需求结构升级矛盾突出，经济增长内生动力不足，金融风险有所积聚，部分地区困难增多等。由于国际国内环境复杂多变，不确定性增强。因此，对这些风险不能小看，要精心防范，要增强防风险的责任意识，要敢与风险赛跑，要跑在风险前面，要敢于亮剑。由此看，中央对速度关心但不是非常担心，担心的是结构、质量和风险。我国经济运行面临的突出矛盾和问题，虽然有周期性、总量性因素，但根源是重大结构性失衡，导致经济循环不畅，必须从供给侧、结构性改革上想办法，努力实现供求关系新的动态均衡。这里，中央特别强调了问题的根源是“重大结构性失衡”。治理的药方是什么呢？必须向深化改革求解。当下，最重要的是推进供给侧结构性改革，发挥市场在资源配置中的决定性作用。靠供给侧结构性改革提高供给质量，满足需求，走出困局、僵局、危局。

初步确立了党的十八大以来适应经济发展新常态的经济政策框架

这包括三个层面的内容：第一，作出经济发展进入新常态的重大判断，把认识、把握、引领新常态作为当前和今后一个时期做好经济工作的大逻辑。以前也提，多是讲认识、适应、引领，这次把“适应”改成了“把握”，更强调主动性、积极性。第二，形成以新发展理念为指导、以供给侧结构性改革为主线的政策体系，引导经济朝着更高质量、更有效率、更加公平、更可持续的方向发展，提出引领我国经济持续健康发展的一套政策框架。第三，贯彻稳中求进工作总基调，强调要保持战略定力，坚持问题导向、底线思维，发扬钉钉子精神，一步一个脚印向前迈进。这三个层面的归纳提炼，表明党中央对经济形势作出的重大判断、对经济工作作出的重大决策、对经济工作思想方法作出的重大调整，经受了实践检验，是符合实际的。用三个“重大”，说明党中央思路和方法逐渐调整完善起来，领导经济工作的水平更加提高，也更加自信。

对明年经济工作总体部署基调不变，对财政货币政策进行微调

中央经济工作会议提出，明年要继续坚持稳中求进工作总基调，牢固树立和贯彻落实新发展理念，把握引领经济发展新常态，坚持以提高发展质量和效益为中心，坚持宏观政策要稳、产业政策要准、微观政策要活、改革政策要实、社会政策要托底的政策思路，坚持以推进供给侧结构性改革为主线。以上这些内容，与去年大体相同，基调没有变。但在财政政策和货币政策方面还是有了调整。中央提出财政政策要更加积极有效，从三季度开始加了个“有效”，过去是积极的财政政策要加大力度，现在是积极有效，更强调结果，即注重财政的精准性、有效性。财政资金安排要围绕着供给侧结构性改革、降低企业税费负担、保障民生兜底来安排。去年是明确要求“加大力度”，现在强调“有效”，这个变化还是很明显的，意图也很明确。货币政策提出要保持“稳健中性”。过去是“稳健灵活”，现在是在稳健后面加了个中性。也就是说既不会“左”，也不会右。考虑到下一步加强监管、去杠杆会继续发力，货币供应实际执行与2016年比较有可能会偏紧些。中央的调子是防风险，重点是防控金融风险。重提“增强汇率弹性”，说明对汇率波动的容忍性会继续加大。中央提出要把防控金融风险放到更加重要的位置，下决心处置一批风险点，着力抑制资产泡沫，提高和改进监管能力，确保不发生系统性金融风险。这里的“抑制资产泡沫”，说明中央下决心要让经济理性增长，防控金融风险成为中央最重视、最操心的重要经济内容。

突出强调明年的四项重点经济工作和继续深化供给侧结构性改革

会议指出，2017年经济工作有四个重点：深入推进“三去一降一补”、深入推进农业供给侧结构性改革、着力振兴实体经济、促进房地产市场平稳健康发展。这说明，更加注重农业供给侧结构性改革和挤出房地产泡沫，把发展实体经济提到“振兴”的高度，这表明对近年金融投机、资本脱实向虚的担心和不满。具体来讲，第一，深入推进“三去一降一补”，强调要根据新情况新问题完善政策措施，推动五大任务有实质性进展。提出“实质性”三个字，表明中央对“三去一降一补”的期待，要有勇气产生些突破。第二，深入推进农业供给侧结构性改革，值得重视的是要积极稳妥改革粮食等重要农产品价格形成机制和收储制度，既要抓好玉米收储制度改革，又要想办法解决农民卖粮难等。第三，着力振兴实体经济。这里提出的发扬“工匠精神”，培育更多“百年老店”，很耐人寻味，发人深省。第四，促进房地产市场平稳健康发展。要坚持“房子是用来住的、不是用来炒的”的定位，综合运用金融、土地、财税、投资、立法等手段，加快研究建立符合国情、适应市场规律的基础性制度和长效机制。既抑制房地产泡沫，又防止出现大起大落。房价上涨压力大的城市要合理增加土地供应，提高住宅用地比例，盘活城市闲置和低效用地。特大城市要加快疏解部分城市功能，带动周边中小城市发展。要加快住房租赁市场立法，加快机构化、规模化租赁企业发展。加强住房市场监管和整顿，规范开发、销售、中介等行为。

按照统筹推进重点突破的要求更好发挥改革的牵引作用

2017年最重要的改革有可能是国资国企改革，12月初的政治局会议已经释放明确信号，之前的说法是“财税、金融、国企等重大改革”，现在是“国企、财税、金融”。这表明中央提出要加快改革步伐，深化国企国资改革被放在重要位置。近两年社会上对混合所有制改革是有不少争论的，混改有点进退两难。现在中央强调混合所有制改革是国企改革的重要突破口，令人眼前一亮。中央要求在电力、石油、天然气、铁路、民航、电信、军工等领域迈出实质性步伐。所以，2017年央企兼并重组和混合所有制改革有可能出现大的动作，值得期待。中央重申要坚持基本经济制度，坚持社会主义市场经济改革方向，坚持扩大开放，意在稳定民营企业家信心。特别提到要加强产权保护制度建设，抓紧编纂民法典，加强对各种所有制组织和自然人财产权的保护。这对提振企业家信心、增加民间资本投资意义重大。坚持有错必纠，甄别纠正一批侵害企业产权的错案冤案。保护企业家精神，支持企业家专心创新创业。这些内容给了市场一个重要明确的信号。说明中央对依法保护产权高度重视，对稳定企业家信心空前重视，对扩大民间资本投资非常期待。会议还提出要稳妥推进财税和金融体制改革，落实推动中央与地方财政事权和支出责任划分改革，加快制订中央和地方收入划分总体方案，抓紧提出健全地方税体系方案。要深入研究并积极稳妥推进金融监管体制改革。中央提出要完善跨部门的统筹机制，加强对财税、金融、土地、城镇化、社会保障、生态文明等基础性重大改革的推进，既制订方案又推动落实。抓好重大改革顶层设计，也要充分调动地方和基层推动改革的积极性和主动性。这些内容，都有极大的含金量，如能够落地开花，必将是春色满园关不住，非常值得期待。

（作者为国家行政学院经济学部主任、一级教授、博士生导师）

怎样才算懂经济

王东京

我在各地调研时常听到人们发议论：某某领导懂经济，某某领导不懂经济。那么，怎样才算懂经济呢？老百姓看的当然是实惠，如果你为官一任却不能造福一方，大家肯定认为你不懂经济。但要是从经济学的角度看，懂不懂经济，就是要看你是否了解基本的经济理论，能不能运用这些理论驾驭经济工作，按经济规律办事。

阿基米德曾经说：给我一个支点，就能撬动地球。如果我们把经济活动比作地球，经济政策比作杠杆，那么经济理论就是那个撬动“地球”的支点。对于我们主管经济工作的领导同志来讲，天天与政策打交道，或是制定政策，或是执行政策，但如果没有掌握必要的经济理论，难免会打乱仗，事倍功半不说，很多时候还会弄巧成拙。

从事经济学研究的都知道，经济学中有一个资本收益递减规律。其实，政府出台的经济政策，它的效应也是递减的。经济生活不像物理实验，它的变数太多，几乎无法控制。1998年以前，物价高企，治理通胀是主要任务。哪承想，我们这边“着陆”未稳，就爆发了亚洲金融危机，接着是一场大洪水。原来的经济过热，一下子变成了需求不足。问题变了，政策当然得跟着掉头，否则，无异于南辕北辙。

经济政策既然要适时调整，常变常新。那么，我们怎么评价政策？从根本上说，还得靠实践。一项政策好不好，有没有效，必须让实践说话。但单纯由实践来判断，难免会成“马后炮”。好比一个人置身在沙漠中，沿哪个方向可以找到绿洲，哪个方向是死路一条，他必须事先定夺。绝不能不管三七二十一，随便走下去，走对了是万幸，可一旦走错了，等到将死的那一刻，实践出了结果，而他自己，也要埋尸黄沙了。果真如此，岂不是代价太大了吗？评价政策也是这样，如果一项政策刚刚出台，效果还没出来，或者在不同的决策之间，需要我们作出选择，怎样才能多一点理性，少一些盲目呢？这就需要经济理论、经济分析。

经济工作需要理论指导，可是有人会说，经济学如此复杂，各种学派多如牛毛，对同一个问题，三个经济学家，可能拿出四种答案，你让我听谁的？的确，今天的经济学，千头万绪，一不小心，你就可能迷失在这片丛林里，不知道自己从哪里来，要到哪里去，别说用它来分析问题，就是弄清原委，都可能茫然失措，大有老虎吃天——无处下口的感觉。但这绝不是说，经济学是屠龙术，如果我们善于去粗取精，去伪存真，把它最本原的东西梳理出来，就会发现，经济学基本的理论，远没有人们想象得那么复杂。

本书以《经济学笔谭》为题，旨在为读者提供一把开启经济学大门的钥匙。全书分“经济引读”“领悟大师”“经世济民”“他山为鉴”四大篇，从古典到现代，从理论到实践，对经济学作了一次大跨度、全景式的盘点。应该指出的是，西方经济理论，是从西方国家的经济实践中提炼出来的，由于社会制度与国情不同，我们在学习时，不可囫囵吞枣，完全照搬。一定要在马克思主义指导下，结合中国实际，有批判地吸收与借鉴。

（作者为中央党校副校长）

中国经济学家的历史使命

乔新生

2016年7月8日，习近平总书记在北京主持召开经济形势专家座谈会，就当前经济形势和经济工作听取专家学者意见和建议。在这次会议上他特别指出坚持和发展中国特色社会主义政治经济学，要以马克思主义政治经济学为指导，总结和提炼我国改革开放和社会主义现代化建设的伟大实践经验，同时借鉴西方经济学的有益成分。中国特色社会主义政治经济学只能在实践中丰富和发展，又要经受实践的检验，进而指导实践。要加快培养造就国际一流的经济学家。这番讲话意味深长，既有非常重要的现实针对性，同时又有非常深刻的理论指导性。

当前在马克思主义政治经济学研究中出现了两个非常值得关注的问题

马克思主义政治经济学的生命力就在于解释能力，马克思主义政治经济学的价值就在于发展能力。

当前，在马克思主义政治经济学研究中出现了两个非常值得关注的问题：第一个是把马克思主义所深刻批判的资本主义看作是解决经济问题的出路，认为只有发展资本主义，才能解决经济问题，要运用市场经济工具，充分借鉴资本主义国家解决经济问题的方式，促进中国经济发展。这种观点可以称为市场经济“工具论”。第二个是把资本主义和社会主义简单地概括为配置资源主体差异，认为资本主义借助市场配置资源，而社会主义借助政府配置资源。资本主义充分发挥市场主体的主观能动性，在资源配置过程中强调市场作用，而社会主义强调政府的主观能动性，在资源配置过程中强调政府的作用。这种观点可以称为“主体论”。

其实，无论是工具论还是主体论，都旨在强调社会主义与资本主义可以共生共存。强调这一点，在理论上具有进步性。但是，我们必须看到，任何一种工具在不同社会形态中发挥的作用是不一样的，任何主体在不同社会形态中发挥的作用也是不一样的。市场经济产生经济危机，但解决经济危机的并不是市场经济。

马克思主义政治经济学的核心价值在于，承认市场的作用、承认资本的作用，但重视劳动的价值

马克思主义政治经济学旨在澄清社会发展中出现的问题，为人类文明发展指明正确的道路。马克思主义政治经济学的核心价值在于，承认市场的作用、承认资本的作用，但是，重视劳动的价值。马克思主义政治经济学的现实性在于，看到了市场在资源配置中发挥作用的同时，也看到了市场经济造成的巨大浪费，深刻揭示了资本主义社会资本剥削劳动的本质特征，因此，马克思主义政治经济学经典作家试图通过建设社会主义，解决资本主义发展中存在的问题。事实上，马克思主义政治经济学的经典作家在构建社会主义理论大厦的时候，已经注意到了政治与经济之间的关系，看到了市场经济发展中存在的深层次矛盾，试图通过社会变革，解决资本主义社会无法解决的难题。

譬如，马克思主义政治经济学经典作家之所以强调社会主义公有制，就是因为社会主义公有制克服了资本主义私有制条件下分散决策所带来的效率低下问题。公有制条件下政府在资源配置过程中发挥至关重要的作用。但是，如果不采取坚决有力的措施把权力关进制度笼子里，就必然会出现非常严重的腐败现象。如果只看到公有制条件下政府配置资源的优越性，而没有看到政府集中配置资源可能带来的严重腐败问题，在发展社会主义过程中就会顾此失彼，就会因为严重腐败而丧失民心。苏联共产党的轰然倒塌，就是一个非常典型的例子。

苏联共产党的惨重教训使我们更加清醒地认识到，马克思主义政治经济学不仅是正确引导政治经济发展的重要理论基础，同时也是决定一个执政党命运的理论核心。如果在马克思主义政治经济学研究和应用过程中，采取教条主义、本本主义，把马克思主义政治经济学看作是僵化的教条，而没有根据各国实践不断地丰富和发展马克思主义政治经济学，在探索社会主义建设理论过程中就必然会走弯路。假如把马克思主义政治经济学看作是锦囊妙计，经济发展中出现问题的时候，从马克思主义政治经济学经典作家的著作中寻章摘句，简单套用，就会不断地歪曲马克思主义政治经济学，从而让马克思主义政治经济学变成毫无生命力的原教旨主义信条。

马克思主义政治经济学总是素面朝天，经得起风吹雨打，经得起时间检验

不断丰富马克思主义政治经济学理论，是当代中国经济学家的历史使命，也是中国全面改革开放实践的必然要求。丰富发展马克思主义政治经济学，必须坚持全面系统学习马克思主义政治经济学的理论和方法，不能把马克思主义变得支离破碎。马克思主义政治经济学是一整套完整的理论体系，其中既包括资源配置的方法，也包括揭示劳动价值本质的重大命题；既包括市场经济发挥作用的前提和条件，也包括劳动者在监督政府资源配置过程中应当建立的国家体制和政治制度。马克思主义政治经济学博大精深，在涉及国家建设和经济发展的重大问题上，形成了一整套非常完整的理论体系。如果把马克思主义的政治论述和马克思主义的经济观点割裂开来，马克思主义政治经济学就会失去解释现实问题的能力。

马克思主义政治经济学经典作家在批判资本主义社会的同时，也提出了系统性的解决方案。为了解决私有制存在的问题，提出了公有制；为了解决公有制实施过程中出现的问题，提出了人民代表制度，用人民代表来监督政府，防止政府腐化堕落。可以这样说，马克思主义政治经济学是有内在逻辑的理论体系。这个理论体系对于国家建设和经济的发展具有非常重要的指导意义。假如只看到马克思主义政治经济学关于公有制的论述，而没有看到马克思主义关于人民代表制度的阐述，在分析社会主义条件下公有制实现问题的时候就会步入误区。

系统学习全面理解马克思主义政治经济学，是当代中国经济学家的基础课，如果对马克思主义政治经济学缺乏系统认识和完整把握，试图把马克思主义政治经济学的某些论述和西方国家解决市场经济运行问题的方法嫁接在一起，牵强附会，用来解决中国的问题，就必然会把纯粹的马克思主义政治经济学涂抹得五颜六色，令人不辨真假。马克思主义政治经济学不需要化妆，马克思主义政治经济学总是素面朝天，经得起风吹雨打，经得起时间的检验。

强调马克思主义政治经济学的历史传承，不是要走回头路

当前，一些经济学教授把新制度经济学或者自由主义经济学看作是政治经济学的正宗或者鼻祖，他们丝毫没有意识到，马克思主义政治经济学正是在深刻批判西方国家经济学基础之上系统地提出了解决资本主义社会发展问题、建设社会主义国家的重要理论。强调马克思主义政治经济学的历史传承，不是要走回头路，强调马克思主义政治经济学的实践性，不是要把马克思主义政治经济学变成日常的政治文件，而是要把马克思主义政治经济学变成充满活力的、具有解释能力的现代理论体系。

振兴马克思主义政治经济学，实际上就是要求中国经济学者必须回到政治的原点，重新学习马克思主义政治经济学经典作家的基本理论，并在此基础上找到适合中国政治经济社会发展的理论突破口。马克思主义政治经济学闪耀着时代的光辉，具有无穷的魅力，如果忽视了马克思主义政治经济学的社会解释能力和批判能力，马克思主义政治经济学就失去了灵魂。重新学习马克思主义政治经济学，就是要去伪存真，纠正当前中国经济学领域的不正之风，高举马克思主义政治经济学的旗帜，以比较分析的方法，借鉴西方资本主义国家的有益经验，批判西方资本主义国家腐朽政治经济学说，为建设中国特色社会主义提供精神动力。

习近平总书记之所以强调“要加强研究和探索，加强对规律性认识的总结，不断完善中国特色社会主义政治经济学理论体系，推进充分体现中国特色、中国风格、中国气派的经济学科建设”，就是希望中国经济学家能肩负起历史的重任，在中国实现两个百年目标的伟大征程中，贡献中国的智慧，为人类政治经济学发展做出自己的贡献。

（作者为中南财经政法大学教授）

热点分析

尊重逻辑，闯过关口

李义平

刚刚结束的中央经济工作会议认为，认识新常态、适应新常态、引领新常态，是当前和今后一个时期我国经济发展的大逻辑，这是我们综合分析世界经济长周期和我国发展阶段性特征及其相互作用作出的重大判断。我们必须统一思想、深化认识，必须克服困难、闯过关口，并把化解产能过剩作为明年经济工作的五大任务之首。

结构效应是没有尽头的，因为调整结构可以创新出新的需求，调整结构是发挥经济结构效应的前提和条件

化解产能过剩就是调整结构。经济发展可以分作水平效应和结构效应。水平效应是在给定技术条件、产业结构、产品结构不变的情况下，片面地扩展和重复既有的产业结构和产品结构，重在经济规模。结构效应是通过创新，提升产业、产品结构而获得更高层次的经济发展。结构效应更着重于经济发展的质量和效益。水平效应是有边界的，一种产业产能总有饱和的时候。结构效应是没有尽头的，因为调整结构可以创新出新的需求，人们的需求是永远没有尽头的。需求饱和的只是既有的产品和服务，但提升了的产业结构和服务是可以在更高的层次上

打开一片新的需求天地的。例如，在传统手机饱和的同时，苹果公司及时地推出了智能手机，开辟了一个新的、巨大的市场。

产业、产品结构的层次和水平，给定了发展的层次和规模，产业结构的固化会导致一国经济的长期徘徊不前，典型的案例就是农业和家庭手工业的结合的经济结构曾使中国经济几乎处于停滞状态。发达国家经济之所以能不断发展，就是其产业结构会通过充满活力的经济机制，自动地提升、调整、吐故纳新。这种调整和提升是内生的，通常是某一企业在竞争规律的作用之下，率先创新，探寻未来的新兴产业以及新的技术走向和市场走向，产业结构由此得以提升。与此同时，其他企业纷纷跟进，经济发展就会进入一个新的历史时期。新技术的出现，也可能会使所有的企业排序重新洗牌，并由此强制地淘汰落后产能。经济萧条本身就是激励创新和淘汰落后产能的机制。马克思曾经形容为“就像房屋倒在人的头上时重力定律强制为自己开辟道路一样”。

中国经济如果不进行有效的结构调整，就难以谷底重生

当前，支撑中国经济发展的两个支柱行业，即传统制造业和房地产的产能已经严重过剩。这两个行业产能之所以严重过剩，与中国经济曾经的发展阶段和发展模式紧密相关。首先改革开放之初的承接外来产业转移使我们成为世界工厂，世界工厂的经济状况与世界经济形势紧密相关，严重依赖于世界市场对其产品的需求。其次，发展之初的基础建设，以及地方政府对房地产业的情有独钟，催生了与之相关的钢材、水泥、煤、电产能的快速发展。这是一个阶段性的辉煌。当基础设施已经有了相当规模、房地产业相对过剩的时候，这些产能随之过剩，于是经济就在一个低点上徘徊。本来可以在产能过剩初见端倪的时候微调，但由于市场机制不健全，缺少兼并、破产、重组、主动转换的机制和渠道，也由于地方政府的各种保护，因为涉及GDP的增长，税收和就业。更由于宏观政策遇经济下行实行刺激性政策，宽松的货币政策扭曲了价格，传达了错误的价格信号，使得资源更加便宜，于是产能过剩问题更加严重。例如，刺激政策中汽车补贴、家电补贴，使得长项更长，短项更短。

中国经济如果不进行有效的结构调整，就难以谷底重生。结构不能有效调整，从经济学来看就是社会的稀缺资源被投放在无效产业上白白浪费，整个经济缺少进一步前进的支撑点。结构调整包括产业结构的调整，既包括产业的提升，即新产业的出现，又包括落后过剩产能的退出，即有进有退，吐故纳新。在产品层次上的结构调整，则指在那些还有必要存在的产业上，由产业链的低端上升到产业链的高端。对于我们而言，落后产能的淘汰是一个重要方面，只有淘汰了落后产能才能轻装上阵。企业不要期盼政府出手援助，政府也不应出手大规模救助，刺激政策常常使问题更加严重。经济运行的历史证明，诸如产能过剩形成的经济徘徊，只有让它自己治愈自己才是可取的，任何人为地恢复都会令那些在萧条中未能解决的剩余问题更加严重，从而又会产生出新的问题，再造成另一次更严重的商业威胁。

供给管理是有效结构调整，创新和调结构的主体应当是微观层面、企业层面的

相对于更着重于速度、规模和数量的需求管理，供给管理则有利于结构调整。发达国家的市场经济并非开始就奉行的是供给管理，古典经济学认为生产是第一位的，供给会自动地创造需求。后来有了1929年的经济危机，凯恩斯认为是有效需求不足，于是有了政府干预和宽松的刺激性政策。这种刺激性政策短时间似乎可以人为地制造繁荣，但由于人们的理性预期，长期实行的结果却出现了滞涨，于是有了供给学派，即通过减税，让企业更有创造力，让消费者更敢于消费。一句话，通过供给制造出新的需求。调整了的结构是更高层次发展的开始。在调整攻坚阶段，必须从压力中发掘动力，从挑战中发现符合经济发展内生规律的商机，正如经济学原理所揭示的："如果把产品的质量改进和数量增加称为经济进步，并且把这个标尺用于商业循环的各个阶段，我们其实应当把市场的忽然光明称为退步，把萧条称为进步。市场光明乃通过错误投资浪费了稀缺的生产要素，同时通过过度消费而减少投资的存量。相反，萧条是个折返点，它走向所有的生产要素都用于使消费者最迫切的欲望得到最大的满足的境界。"供给管理着

重于从微观层面、从市场层面解决问题，这是符合经济学的逻辑的，因为经济发展说到底是微观层面的事。

供给管理应从企业层面发力，在健全的市场环境中寻求结构调整的突破点，政府工作的重点就是创造有利于创新、有利于结构调整的环境。结构调整或者说创新的方向既有技术上的不确定性，又有市场上的不确定性。技术上的不确定性是创新者判断的技术发展方向是不是准确，预期的难关是不是能够攻破。即便技术上成功了，市场能不能接受则还是个问题。市场遵循的是投入和产出的规律，没有经济效益的创新只能被束之高阁。正是基于创新的这些特点，创新和调结构的主体应当是微观层面、企业层面的。

总之，只有认清我国经济发展的大逻辑，锐意改革、大胆创新、调整结构，才能闯过关口，谷底重生。

（作者为中国人民大学经济学教授）

脱开支出看财政收入是片面的

杨志勇

2015年11月份的财政收入数据稍微好看了点儿。一般公共预算收入（就是通常所说的财政收入）比上年同月增11.4%，同口径增长8.6%，其中税收收入增长8.4%。税收收入在财政收入增速中的地位显而易见，财政收入增长质量得到明显改善，而就在前面几个月，财政收入增长速度主要靠非税收入超常增长来支撑。

财政收入增速快了，并不容易。特别是2015年由于经济增速放缓，财政收入形势一直非常严峻。我们习惯性地喜欢比较。财政收入增速快了，但是许多行业仍然在备受煎熬。这说的是事实。在转型升级背景下，我们本来熟悉的一些行业正在逐步衰落甚至走向衰亡。经济规律使然，行业之盛衰，犹如自然节气之更替，人生之生老病死，本不足怪。只是在大转型中，衰退行业覆盖面大了，就不能不引起重视。毕竟这会让直接从事相关行业的人员遭遇困难，会让就业和社会保障问题变得更加突出。转型升级的过程肯定是痛苦的。面对凤凰涅槃，我们不能指望轻松度过转型。没有这个过程，僵尸企业就会长期占有社会资源并拖累经济，让社会发展停滞，甚至蕴含着危机到来的风险。清理僵尸企业的过程，必然是痛苦的过程，这里不要指望有收入增长。即使是在传统行业的基础之上转型升级，哪怕只是一个“互联网+”或“+互联网”，也不是轻易可以实现的，更何况转型升级可能需要的是技术的革命性变化和经营模式的创新。因此，简单地将转型升级的行业收入状况与财政收入比较，是不可取的。

财政收入增速的快慢，从根本上说，是各行各业经营状况的集中体现。一些新行业在兴起且快速发展。电商兴起，让传统商业哀鸿遍野。时势使然，与其哀叹，莫如寻找更新的突破口。新行业的发展自然也会在财政收入上得到反映。

保持一定的财政收入水平，是国家治理所不可或缺的。特别是，中国当前所处的时代，公共产品和公共服务需求旺盛，历史欠账和未来发展都需要政府加大投入。其实，更关键的问题不在于财政收入水平有多高，而在于财政收入用到什么地方去。关于宏观税负问题，争论了很多年，最终莫衷一是，就是因为如果只看收入一侧，那么永远没有统一的答案。什么大口径宏观税负、中口径宏观税负和小口径宏观税负，各种名词都用上了最终还是没法真正解决问题。只有将财政收入和财政支出联系起来，共识才可能达成，问题才可能化解。如果社会共识是希望政府多做点事，希望政府来做市场和社会所不能做的事，那么这就不可能既要马儿跑又不让马儿吃草。再者，有力度的积极财政政策需要扩大财政支出，没有一定的收入水平，财政政策目标也是无法实现的。保持一定的财政收入增速，才可能为财政支出提供必要的财力支持。因此，对财政收入增速要有充分的理解。

支出一侧当然还有不小的结构优化空间。一些可做可不做的事就应该坚决不做。特别是与政府越位有关的事，扭曲市场，妨碍社会活力的释放，财政支出应该果断斩断情丝。这是财政支出效率改善的基础。即使是总体投向符合要求的财政支出，也应该让支出更加有效。如今广受关注的财政存量资金问题，在很大程度上是支出制度不够合理所致。不合理的制度不仅仅影响财政支出效率，而且钱花不出去的同时，政府该做的事就没有做，最后破坏的是整个社会的效率，妨碍公共政策目标的实现。

财政支出需求也是动态变化的。财政收入应该适应这一动态变化的需要。经济社会转型时期，有许多制度改革需要财政资金配套才能顺利进行。这样的配套资金需求具有暂时性的特征。一旦改革完成，资金需求就会大幅度减少或不复存在。人口结构在加速变化，特别是老龄化的速度在加快，需要政府为应对老龄化做好战略储备工作。可以预期，未来财政支出中有相当大的比例将用于老人，不仅仅是养老金，还包括大量与老人相关的医疗卫生服务支出。这方面的负担不可低估。说严重点，如果说现在大家关心的财政风险源是地方债的话，那么5至10年后，财政风险源将更多地转移到社会保障上。仅仅想通过做实个人账户来解决问题，在很大程度上都将是缘木求鱼。个人账户中的资金有多大的购买力，才是问题的关键。在任何社会，没工作的人总是靠工作的人来养。只要工作的人少，货币购买力就可能下降，特别是劳动力供应短缺可能让养老服务的人工支出大幅度增加，最后的兜底者只能是财政。显然，财政压力也需要适当的释放渠道。这就需要社会的综合改革，如调整人口政策，改善人口结构，就可能在一定程度上缓解财政支出压力。

总之，财政收入增速快了点，从现实来看，这至少不是一件坏事。

（作者为中国社科院财经战略研究院研究员）

“新元素”为经济学带来新的生机

钱颖一

在中国经济进入新常态之时，中国和世界经济面临一系列新的重大问题。这些问题提供了新的研究课题，这是经济学创新的一个重要方面。

“新元素”会引发新的值得研究的重大问题

中国经济进入的新常态是经济发展从低收入进入中等收入、进而向高收入迈进的一个长时期的状态。伴随这种新常态的是经济结构调整，发展目标多元化，经济增长更多地依赖创新驱动。不过，一个国家和地区进入中等收入并从中等收入走向高收入本身并不是新问题，德国、日本等国家早就做到了。在我看来，中国经济新常态带来的两个不同于以往这些例子的“新元素”是中国的规模和中国的制度。这两个“新元素”会引发新的值得研究的重大问题，并且有可能产生具有思想性和一般性的研究结果。

第一是中国的规模导致的中国作为崛起的经济大国与世界经济的相互影响。中国进入人均中等收入与之前的一些国家进入中等收入（比如韩国）都不一样的原因是中国的总量：近14亿人口使得中国在只有接近美国人均GDP的1/4（PPP，即购买力平价）之时就已经同美国的经济总量相当（PPP），占到全球GDP总量的16%。尽管中国经济增速下降，但是由于发达国家的经济以及受其影响的全球经济都有可能出现“长期停滞”的状况，中国相对较高的增速使得中国经济增量占全球经济增量的1/3左右或以上的时间，有可能并不短。

中国的规模会引发出一系列新的重大问题，如中国经济发展对全球商品市场和贸易的影响，中国改革和市场变化对全球货币、资本和人才市场的影响，中国经济的崛起引发全球游戏规则的改变，都是新的具有全球意义的大问题。中国的市场规模和人才规模也有可能改变技术创新和商业创新模式。在经济全球化和技术进步的背景下，中国近14亿人口的巨大规模和中等收入水平不仅提供了巨大的市场需求，也提供了巨大的创新供给，这类情况在过去是没有过的。回顾历史，美国经济在20世纪初超越英国经济的时候全国人口只有7000多万。

第二是中国的制度引发的转型过程中的政治经济学。中国经济制度中的最大特点或最显著的“中国特色”就反映在政治与经济的关系、政府与市场的关系、政与商的关系中。在过去30多年中，世界上没有任何一个国家或地区（包括东亚高速增长的国家和地区）像中国这样，政府如此重视经济发展，政府有如此强烈地激励去实现经济增长。一方面，这种政商关系成就了中国经济高速发展30多年，政府成为推动经济发展的“帮助之手”。另一方面，这种政商关系也造成了一些政府官员以权谋私的腐败。如果经济新常态意味着这种政商关系的终结，那么未来政商关系的变化将如何影响政府官员的激励，如何影响企业和企业家，如何影响政府和市场的关系，都是经济新常态中新的重要问题。

比较经济学和比较政治经济学将会出现新的生机

政商关系对经济的影响是政治经济学的一个方面。政治经济学的另一方面则是反过来的关系，即经济发展对政治和政府的影响。这是现代化理论的核心问题。而中国的制度演变，特别是经济发展与制度发展的互动，提供了验证已有理论假说和发展新理论的机会。从实证的角度来看，用比较的方法研究新常态下经济和市场的发展对政治和政府的影响会引发经济学的创新。因此，很有可能比较经济学和比较政治经济学将会由此出现新的生机。

对于以上这两类由中国的规模和中国的制度引发的经济研究，中国经济学者有一定的优势。不过，要使得研究兼具思想性和学术性，既抓住大问题，又符合技术严谨性，同时又达到一般性，非有创新不可。

世界经济学家对中国相关问题的兴趣从来没有像现在这样高。随着中国经济更加开放，经济研究也应该更加开放。我们应该以开放的心态和方式，让世界经济学家与中国经济学家一起研究那些由新常态引发的新问题，共同驱动经济学的创新。我们期待中国经济学家在这个历史的机会中，对重大问题做出既有思想性又有一般性的经济学创新。

（作者为清华大学经济管理学院院长）

合乎规律地形成新的混合动力体系

贾 康

“供给侧”可以说是2015年年末以来的中国经济热词。2015年12月闭幕的中央经济工作会议指出，推进供给侧结构性改革，是适应和引领经济发展新常态的重大创新，是适应国际金融危机发生后综合国力竞争新形势的主动选择，是打造经济升级版的客观要求。

为什么今天的中国经济要强调“供给侧”改革呢？

“供给侧”在经济学领域虽然并不是一个新鲜词汇，但一直没有受到足够重视。我在2013年和同道者发起成立“华夏新供给经济学研究院”和“新供给经济学50人论坛”，对经济学界关于“供给侧”的认知变化感触颇深。

在过去的需求管理理论中，掌握好投资、消费和进出口这“三驾马车”就认为可处理好经济运行的动力问题。在金融危机的冲击下，在一线承担决策责任的一些领袖人物发出了这样的疑问：为什么没有经济学家稍微清晰一点地对我们做出预警？相关的反思中，首先要看到已有经济学理论的不足，应比较直率地指出：主流经济学的认知框架其实是不对称的。古典经济学、新古典经济学和凯恩斯主义经济学存在着一种共同失误，他们在理论框架里假设了供给环境，然后更为强调的只是需求端、需求侧的深入分析和在这方面形成的政策主张，他们都存在着忽视供给端和供给侧的共同问题。

仅将“三驾马车”放在需求侧看待，这一认识并不完整。比如，仅从需求侧看消费，就带有过强的静态特征和认识局限，许多新消费动力的产生并非因为消费需求发生了变化，而恰恰是对消费的供给发生了变化。比如以手机产品为例，在还没有被发明出来前，是完全没有这一块消费需求存在的。在这种新兴产品投放市场后，直接的表现就是供给侧变化使需求侧产生了相应增量，这仅从需求侧无法观察到。

在经济学中，供给与需求是同时存在的一对关系。总体而言，政府的需求管理是总量管理，侧重在反周期概念下，各个年度短期视野内调节经济生活中银根的松和紧、施行总量的刺激或收缩。供给管理则更多地着眼于中长期和全局的发展后劲，考虑不同角度的结构优化，区别对待、突出重点、兼顾一般、协调匹配等，而且需要引入制度供给问题，把物质生产力要素与人际生产关系变革打通来寻求优化方案，显然，供给管理的复杂程度远远高于需求管理。

从应对亚洲金融危机和世界金融危机冲击的实践来看，我国在“反周期”总量调控为主的需求管理轨道上，继续可用的调控手段和作用空间已明显受限，仅以短中期调控为眼界的需求管理已不能适应客观需要，亟须注重在整个经济体系的供给侧，如何组织实施政府“理性的供给管理”。

当前，按照“新常态”概念看，经济运行中“新”显然已明朗化，但是“常”还没有实现，需要在运行中完成探底，在整个经济企稳后对接“增长质量提升”境界，而且尽可能长久地形成中高速增长平台。为了处理好新阶段“动力机制转换和优化”问题，需要考虑“怎么促使微观经济主体潜力和活力充分释放”，需要建构经济增长的新动力机制。

在传统的需求管理还有一定作用和优化提升空间的同时，我们迫切需要以创造新供给来引领释放新需求，通过着力改善供给环境、优化供给侧机制，特别是通过改进制度供给，大力激发微观经济主体活力，构建、塑造和强化我国经济长期稳定发展的新动力。

我所在的中国新供给经济学研究群体已努力进行了多年的供给侧研究。我们认为中国最根本的改革开放大政方针下的转轨，首先是作为一种制度供给，支持了前30多年所取得的成就，但进一步深化改革的任务又异常艰巨。当前，我国经济仍面临严重的供给约束和供给抑制，是我们在改革深化中所必须解决的、实质性供给侧创新的“攻坚克难”。

支持经济增长特别是长期增长的要素，所谓“动力源”，在理论上分析主要是五个方面：劳动力，土地和自然资源，资本，科技创新，制度。主要的国际经验都表明，各个经济体在进入中等收入阶段之前，前面三项对经济增长的贡献容易比较多地生成和体现出来。一般经济体在发展过程的初期与“起飞”阶段中，强调所谓“要素投入驱动”、体现为粗放发展，是和这有关的。在进入中等收入阶段之后，后面两项即科技创新、制度方面，可能形成的贡献会更大，而且极为关键。时下热议的所谓“全要素生产率”，主要就是指后面这两项能够给予的新支撑。

所以，中国新时期的增长动力构建，实际上是工业化、城镇化、市场化、国际化、信息化，加上政治文明概念下的民主法治化发展过程中经济生活供给侧的五大要素，需合乎规律地优化形成升级版的混合动力体系。结合我国实际情况，这几大要素都存在明显的供给约束和供给抑制，需要通过全面的制度改革化解制约，特别是使后两项要素更多贡献出对前三项要素的动力替代效应，进一步释放经济社会微观主体的潜力，提高经济增长活力，也即所谓的“供给侧结构性改革”与“提高全要素生产率”，落在提升供给体系的质量和效率上。

作为一个转轨中的发展中大国，我们要追求“追赶-赶超”、后来居上的现代化。过去我们更多依靠“后发优势”，现在必须努力转为更多地争取供给侧发力的“先发优势”，这样一个大思路定位必然是守正出奇，即在充分尊重市场在资源配置中总体决定性作用的同时，要在政府履行职能方面有意识地把总量型需求管理与结构型供给管理相互结合，特别是把理性供给管理作为“十三五”规划及中长期中国经济升级发展、可持续发展的内在要求和重要组成部分，并紧密结合“有效制度供给”这一改革的关键。

经济学是一门与实践密不可分的致用学科，新供给经济学是在中国本土研究者中抱着“经世济民”的情怀与追求产生和发展起来的。我很期待这样的学术理论研究能够避免走“空谈误国”的迷途，而实实在在地做到胸怀世界、脚踏实地，在“不唯上、不唯书、只唯实”的道路上为中国经济发展、社会进步服务。

《供给侧改革》是新供给经济学的简明读本，我与合作者苏京春博士也衷心期待着在“供给侧”改革及相关问题的认识思考与深化研讨中，得到各位读者的指教。

（作者为华夏新供给经济学研究院院长）

分享经济：一种全新的市场交换经济

张孝德　牟维勇

分享经济在日常生活中有哪些呈现方式？

目前正在兴起的以互联网信息技术为基础的分享经济，呈现出百花齐放、多种模式并存的新格局。

有偿分享模式。有偿分享是目前发展最快也较为普遍的一种模式。该模式是将自己剩余或暂时不用的物品，通过收取租金有偿让渡给别人分享。目前发展最成功的空中食宿就属于典型的有偿分享模式。其业务模式十分清晰：有闲置房间的家庭在网站上发布自家的空房信息，不想找酒店入住的租客通过上网查找住宿信息，一旦租赁双方达成一致，租客就可以进行在线付费和实地入住。这种新商业模式所提供的私家闲置房间要比酒店更便宜，更具有生活气息。目前网站上不仅有人发布常住的房间，更有人将别墅、村庄、城堡、树屋等发布到网站上。

对等分享模式。该模式是双方通过互相交换使用财产，不向对方支付报酬而形成的分享经济。比如目前国内所推动的城乡儿童手拉手体验成长快乐活动，就是一种典型的对等分享模式。城乡儿童互换生活环境的手拉手活动，最近几年已经成为许多学校教育的重要内容，也有许多民间公益机构和商业教育机构，专门进行这种模式的运转和管理。点对点分享不仅仅是双方对等交换各自的物品和环境，还有双方情感和文化价值的体验式交互。这种类似中国乡村传统的走亲戚模式是有偿分享模式所不能替代的。

劳务分享模式。在现实社会中，有大量碎片化、闲置与没有充分利用的劳务资源。在现代分享经济中，人们不仅可以出售自己多余的产品，还可以出售自己的时间，比如承接遛狗、取回干洗衣物或组装家具以及养老服务等杂活，这种以出售多余劳务为内容的分享经济被称为劳务分享经济。在美国有一家创业公司，凭借一小时送货上门服务的业务，在短短两年半时间内估值一路飙升，在硅谷脱颖而出，并登上2014年度福布斯潜力企业榜榜首。该公司就是充分利用自由职业者的时间，通过互联网技术充分利用分散在社区中的自由职业者，实现一小时送达的承诺。参与这些配送的自由职业者，既是这种配送服务的对象，也会根据自己机动时间成为配送服务者。可以说，享受一小时送达服务是居住在特定社区内的人对各自剩余的时间和劳务分享的服务。

众筹分享模式。众筹即大众筹资或群众筹资。该词是舶来品，但这个形式在中国自古有之。中国古代的庙宇和乡村祠堂建设，大部分采用的就是这种方式。现代众筹是指用互联网平台进行资金筹集。同样，现代众筹筹资目标也包含了分享投资对象，不纯粹是为了筹集资金。目前，众筹分享主要集中在电影视频、音乐和出版、文化创意、房地产等项目。例如，杭州盈开投资合伙人蔡华，要开办一个茶楼，他通过微信朋友圈在48小时内完成了123万元众筹。这种基于互联网思维以众筹方式建立起来的茶楼或者咖啡馆在杭州、北京、深圳等创业氛围浓厚的城市开始风靡起来。

互联网时代的分享经济与传统分享经济之间有什么区别？

目前正在世界范围内兴起的分享经济，是互联网技术加生态文明催化下的新经济业态。互联网时代的分享经济与传统分享经济，虽然其目标都是实现社会资源和福利共同分享，但它们之间有很大差别。

一是催发分享经济的动力不同。传统分享经济兴起的动力是社会财富在企业内部与社会制度框架下存在的不公平，而现代分享经济兴起的动力是互联网技术和人类面临的能源环境危机压力，它为社会分享自己闲置或暂时不用的物品提供了交换分享的可能。

二是分享内容不同。传统的分享经济的分享对象是企业利润和社会财富，而现代的分享经济分享的是个人和家庭闲置的剩余物品。

三是运行模式不同。传统分享经济是通过制度创新来实现的，制度是维系分享经济的关键所在；而现代兴起的分享经济是一场民间自发形成的新经济业态革命，是一种全新的市场交换经济。

四是最终形成结果不同。传统的分享经济追求的是一种能够实现公平分享财富的理想制度；而现代分享经济则衍生出分享的消费方式和商业模式，是一种使物尽其用，更加节约能耗、节约社会资源的新经济形态。现代分享经济预示着一个新时代的到来，这就是十八大提出的生态文明。正是从这个意义上，我们把正在兴起的分享经济，定义为互联网+生态文明的新业态经济。

分享经济不同模式背后有什么由来?

作为对传统经济业态形成巨大冲击力的分享经济，是一种全新的业态，但就分享经济这个范畴而言，最早研究分享经济的渊源，可追溯到20世纪80年代美国经济学家威茨曼撰写的《分享经济》一书。20世纪70年代，资本主义经济出现“滞胀”，即通货膨胀和失业并存的状况。美国麻省理工学院经济学教授马丁·威茨曼于1984年出版了《分享经济》一书，认为产生“滞胀”的原因在于资本主义制度中现存工资结构的不合理，提出了采用分享制度代替工资制度的主张。威茨曼所说的分享制度，指的是在资本家和工人就工资问题所进行的谈判中，确定的不是具体工资的数额，而是分享比率，也就是在企业未来的收益中，多少份额归资本家所有，多少归工人所有。20世纪80年代末，1977年诺贝尔经济学奖得主詹姆斯·米德发展了分享经济学，他提出了通过职工持股的途径使工人参与到企业收入分享中。

根源于解决现实经济中工资与资本对立矛盾的分享经济学，在第二次世界大战后的现实中，形成了两种不同的分享经济模式。一种是欧美的通过股权制度形成让工人参与企业收入分配的分享经济模式。即使在当今的美国也有约15%的公司采用“利润分享”的雇员报酬计划。另一种是日本式的通过企业文化和管理制度的途径，让员工参与企业管理的分享经济模式。在特定文化与历史背景下，二战后迅猛发展的日本经济具有了自己独特的分享经济。日本与欧美股权模式不同，除了能分享公司的利润，得到较高的薪酬和福利外，公司员工还能极大地参与公司的治理，并能参与公司长期发展，这就形成了以企业为家、为企业奉献一生的企业文化。

（作者分别为国家行政学院经济学教研部教授、博士生）

“税负只减不增”并不意味着全面减税

贾　康

今年政府工作报告中有关“确保所有行业税负只减不增”的表述，在社会上引起了不小的关注，对该表述的解读也存在一些错误和模糊的地方。

“确保所有行业税负只减不增”是在原来已经强调的结构性减税取向下，承前启后的一个表述。我理解，“只减不增”并不意味着齐头并进全面减税。还是要承认，在总体减税的过程中会存在一些差异。区别和差异的界限在于，具体到一些税种上，可以多降、少降甚至在企业的某些感受上可能不降，但绝对不能增税。这是对“只减不增”未来可能图景的简要勾画。

对企业经营者来说，一方面要理解，“只减不增”是决策层传达出的一个清晰信号：政府在进一步稳增长和供给侧改革全面发力过程中，特别注重减税，这为税制改革提出了更明确的回应企业和社会关切的工作要求。

另一方面，企业也应该理解自身特点与减税机制相对应的具体情况，注意顺应政策的引导作用。具体到每个企业，减税的幅度高低存在弹性空间。企业在生产经营设计中间，可以从主观角度努力顺应改革来寻求减税效应最大化。比如营改增的内在机理是鼓励专业化细分，一个企业如果在营改增改革时间表全面落实的情况下，及时把自己可以做专业化细分的空间用足，就可以更多地享受到营改增的好处，感受到的减税力度就会比较大。也就是说，营改增之后，企业可以按照自己的具体情况设计、设立更带有专业化细分特征的法人，新设立相对独立的机构，于是在整个运行链条上，既发挥了原有的潜力，又避免了营业税重复征收的负担。这就是从动态积极角度去理解和顺应政策。减少负担的同时，积极争取把企业做大做强。

企业要对减税有一个理性认识，“税负只减不增”是给企业加一把力的辅助措施，在一般情况下并不能决定企业的生死。特别是就企业经营者的认识框架来说，不要认为获得免税待遇，就能克服经营中的全部问题。企业应当更加注重把生产经营战略策略把握好，发挥创新驱动潜力打造相对优势，形成核心竞争力，才能有望在政府助力下更好地发展。

据中国中小企业发展促进中心发布的《2015年全国企业负担调查评价报告》显示，52%的受调查企业反映“税费负担重”，80%的企业希望政府出台“税收减免”政策。我在调研中发现，企业经营者将税收与税外支出一股脑都算作了税负，比如五险一金、中介收费等，还有一些隐性负担。因此想要真正给企业减负，就需要把税收负担、税外收费负担与各种隐性负担、综合成本加在一起做通盘考虑。

为企业降费、综合成本的具体方案设计比减税更复杂。在中央层面，涉及的基金、行政收费项目就有几十种，地方则更多，这就要求带有攻坚克难性质的配套改革。包含政府各部门职能如何合理化，如何把其他行政收费以及一些隐性负担降下来，这是配套改革的任务，已不是税制改革任务自身所能涵盖的了。

（作者为财政部财政科学研究所原所长）

确立起城市空间资源分配的公共价值导向

周　俭

在过去三十多年的中国城镇化发展中，经济学始终伴随着中国的城乡建设与规划，工程技术则一直是传统城乡规划的根基。今天我们已经达成一种共识：应该回归“人”这一本体。因此，指导城乡发展的不再仅仅是工程和经济的思维，生态保护、文化传承、生活品质、多样性与创新以及吸引力和魅力，所有这些城市发展目标的实现都需要立足于“人”这个复杂、多元群体的贡献。

社会融合、身份认同、邻里交往、人口流动、养老以及社会组织的作用等城市社会学话题，以及文化遗产保护、城市特色、生态空间等城乡建设与规划课题，在城乡发展研究与政策领域被越来越多地提及，其共同关注的核心是社会公平、社会交流、社会和谐、社会凝聚力等体现城市发展持续性、宜居性的各个方面。

看几个当前城市规划建设中的现象，我们就可以理解一座城市的宜居性不是单纯依靠绿地率、停车位、日照间距、配套设施等指标、标准和规范就可以衡量的。比如，那些没有居民的历史保护街区、无人活动的城市大广场、开业一年就频频倒闭的新建商业街、入驻率不足三成的商品房小区以及建成五年以上还无法投入使用的社区商业设施等，它们在有形的指标上，可能都很完美，但引不来人流，聚不拢人气。可见，造成一些城市生活品质丢失的原因，不仅仅是物质空间和服务设施的问题，还在于城市空间资源分配和占用的社会公平问题。过去一段时间很多城市推进旧城改造，绝大多数带来了破坏城市遗产、解体社区结构、加剧居住隔离、城市个性丧失等诸多问题，城市成为资本逐利的市场，城市形象也因此丧失了地域特性和文化意义。另一侧面是，一些地方为了推进新区拓展往往将老城区甚至乡镇的优质公共资源掏空搬迁到新区，比如好学校、好医院、文化体育场馆等，老城和乡村的衰退也就成了必然。虽然人人都同意旧城改造和新区开发彻底改善了我们的物质环境，但我们同时也失去了几十年、几代人甚至是用更长的时间才形成的社会关系和城市遗产，而这正是维系城市灵魂与活力的社会资本和集体记忆。

从本质上看，城市化这一翻天覆地的过程是通过对原有空间资源的重新分配来实现的。而产生上述问题的根本原因之一，就在于相当长一段时间的城市规划建设中我们只看到了“物”，而忽略了“人”，只从经济学和工程学的角度去审视城市，而缺乏对城市空间社会属性的尊重和对空间资源分配强有力的公共价值导向。城市空间只有具有社会属性，才有活力，才能吸引人，人们才会觉得住得舒适。社会属性体现在哪些方面？比如，空间的多种用途。混合土地使用和多功能建筑非常必要，平时是商业街广场，到了周末就变成社区，可以是学校开运动会的场所、社区自办文体活动、开跳蚤市场的场所，到了节假日，又可以变成节日活动场所等。比如，空间的社交功能。宜不宜居，要看在这里能得到多少社会资本。居民对这个社区有没有信任度，有没有足够的社会责任感，彼此有没有互惠性，能不能实现更好的发展等，否则即使有更好的停车、更好的绿化，宜居性也会缺失很多。纽约提出培育文化社交空间，发展新型社区。所谓新型社区，强调功能混合、人口结构混合、产业多样性，为各种人的相互交流创造更好的条件，进而促进创新和创意产业的发展。又比如，建筑和产权的多样化。在特定街区、地块中保留不同年代、不同产权人的建筑组合，保留了不同的产权人，可能就保留了功能，也就保留了里面社会的结构，城市各组成部分间原有的有机关系也就进而得以延续。再比如，历史文化环境。每个城市都有它自身发展的文脉，表现在城市空间和景观上就是城市发展的时间痕迹，体现为城市肌理的识别性和独特性，这才是每个城市自己的特征。人们由此体验一座城市丰富的历史文化内涵，最后获得一种文化身份的认同。就当下我国城市发展的状况来说，城市想要发展得更好，就应该逐渐把城市空间资源分配的公共价值导向确立起来，努力实现城市发展中人与人的和谐，人与自然的和谐，以及城市的历史与未来的和谐。

对城市规划和建设项目开展社会影响评估，是保障城市空间资源的公共价值在再分配过程中不受损害的一项政策性措施。规划与建设项目的社会影响评估将可以使我们避免或缓解城乡建设在文化、遗产、环境、经济方面的社会风险，正确判断城市空间的公共价值。另外，应坚持开门做规划，社会做监督。根据不同的情况给予城乡规划和建设所涉及的所有利益攸关者相应的知情权、提议权、决策权和监督权，将真正的社区参与纳入到城乡规划和城乡治理的体系和程序中来。

（作者为同济大学建筑与城市规划学院教授、
上海同济城市规划设计研究院院长）

制造业才是中国经济脊梁

姚　洋

很多人喜欢把中美拿来比较，觉得美国没有制造业，仅靠服务业、金融业发展起来。但实际上，美国的服务业服务了全世界的制造业。服务业特别是高端服务业，要依赖于制造业。我国离世界前沿还有很远的路要走，发展制造业很重要。“中国制造2025”计划提出来一定要落到实处，对此必须明确。

只搞服务业就能支撑一个大国的经济增长？

2015年，中国服务业在GDP中的比重首次占据半壁江山，比工业高出10%。我认为这是所谓的三期叠加造成的。

第一是中国经济增长的客观规律。所有国家的经济增长都要经历这样一个过程，成功经济体工业化达到顶峰之后，其就业达到全部就业的30%，中国在2010年已经达到了，此后就业就开始下降。发达国家都走过这个过程，包括韩国、日本等，这是所谓工业化的“倒U型”曲线。如果没有这个过程，国家定会陷入中等收入陷阱。

第二是全世界的变化。在2008年经济危机之前的十几年中，由于中国、印度加入全球化，这轮十几年的全球化是前所未有的，整个世界的经济增长都非常快。美国是需求发动机，中国是生产发动机，两架发动机加在一起，开足马力，最后美国出了问题，世界就必须重新调整一遍。这次调整实际上比1973年石油危机那次调整还要更深。从这个角度也就不难理解为什么中国的出口下降这么快，2015年是负增长。

第三是中国宏观经济的短期波动。从1992年开始，中国基本上每7年一个周期，上升与下降交替。1992年到1997年，增长飞速；1997年后进入通缩；2003年年底至2004年之后，又开始增长；2010年之后，又进入通缩。以这样的规律看，大概会在2017年通缩见底。这是经济运行的自身规律，世界上大宗商品价格也都是每7年一个周期。

这三期叠加起来，使得消费所占GDP比重上升，投资所占比重下降。在生产方面就是服务业比重上升，制造业比重下降。

但我要强调的是，服务业比重上升是一个自然的过程，但是不要以为只搞服务业就能支撑一个大国的经济增长，也不要认为服务业就光荣、高大上，制造业就落后。在这方面，董明珠的一句话特别贴切："马云离开我活不了，我离了马云照样活。"毕竟服务业是要服务于什么东西的，特别是高端服务业，要依赖于制造业。

不做互联网就难以生存了？

现在很多企业家患了互联网焦虑症，心浮气躁。虽然"互联网+"很热，但并不是不做互联网就难以生存了。相反地，一定要有人踏踏实实地做技术。

互联网巨头们应该想如何服务实体经济，实体经济企业也要想想自身的性质是否适合到网上去叫卖。当企业考虑上网的时候，一定要想好盈利模式和给社会创造的价值。

互联网改变我们的生活没错，但我们也不乏"+互联网"。很多人目前讨论云端，我负责任地讲，中国要实现至少需要20年。德国做的工业4.0，是把所有东西放在云端，个性生产，柔性生产。这也基于德国整个社会非常平稳，大家有能力追求个性化需求。但中国的需求并没发展到那步，老百姓基本还处在大众化消费阶段。

而德国模式可称为跟随模式，在现有的技术基础上做连续性的创新、改进。

举例来说，德国默克公司拥有世界70%的液晶市场，占据市场绝对的垄断地位。1970年，日本人开始做电子玩具上的液晶屏，默克认为有应用可能就开始做液晶，不断更新且越做越好。一点一滴地进步，不断占领市场，现在他们开始做OLED了，技术很成熟，颗粒超薄，而且可以做成任何形状。

中国的制造业到底怎么样？

从制造业方面来说，中国制造业做得比较好了。我们要和同等收入水平的国家去比较，而不能一味和美国比。美国已处于后工业化时代，领先了我们整整半个世纪。我认为，我们今天和日本20世纪70年代初期比较更合理。这样就会发现，20世纪70年代日本在电子行业的创新无与伦比，但我觉得中国有信心能做得比日本还好。首先，我们的增长速度会超日本；其次，我国资本市场比日本发展得更好。日本资本市场很糟，80年代日本股市疯涨，90年代初却崩盘了，之后就再没起来。中国不光有股市，PE、VC等其他直融渠道都发展起来了，这些都会推动中国创新。

中国的很多问题都是发展过程中的问题。如果中国有问题，那其他发展中国家怎么办？所以，我不担心中国不能成功地跨越“中等收入陷阱”。

（作者为北京大学教授）

不能以减税代替深化改革

刘尚希

当前，我国经济迈入新常态，财政收入增速也开始减缓。但是人口老龄化、经济结构调整、贫富差距代际传递、生态环境保护等方方面面的风险开始凸显，财政化解公共风险的压力很大。

面对低于预期的经济形势，全面减税的呼声又开始多起来了。不少观点认为，当前的低增长是税负太高造成的。但这很可能导致以减税政策替代深化改革，甚至使结构调整功亏一篑。一旦以短期治标的政策替代长期治本的改革，经济风险将不会缩小，将来的日子更不好过，甚至可能发生危机。积极财政政策加力增效，应以改革的方式更多地落在转方式、调结构上，避免变成“解困”“救难”和“止痛”的政策。在任何时候，都应当把改革挺在前面。

我主张结构性减税，而不是全面大规模减税。结构性减税是有必要的，有针对性地去减税，而不是全面大规模减税。针对所有的企业减税，一批本来要淘汰的企业又能活下来，可能眼前有利于稳增长，但对长远来说，结构性问题可能会越来越严重。过去这方面的教训十分深刻，应当吸取。

化解全社会公共风险，实现国家在推动现代经济发展和社会关系重构中的作用，就必须使国家拥有与之相称的国家能力。国家能力主要体现为资源汲取能力、政治渗透能力和危机解决能力。所有这些能力的提升都要依靠财政活动加以支撑。推动财政改革，就必须权衡财政风险与公共风险的关系。这涉及财政规模和财政结构的优化问题。一方面，要通过结构性减税来实现稳增长的目标；另一方面，又不能降低政府公共服务和化解公共风险的能力，要避免财政风险急剧扩大反过来威胁经济和社会稳定。这不仅是经济问题，更是政治问题，这对深化财政改革又是一大挑战。

（作者为财政部财政科学研究所所长）

中国制造业跟过去的发展轨迹告别

周其仁

市场环境变化下的企业之路

要保证自己的产品能够在市场当中站稳脚跟，需要有一套体制、一套企业制度、一套治理结构来为企业服务，而我们的市场环境相比于之前已经有了很大的变化。

第一，成本结构的变化。之前我们很穷，穷是不好的，但是穷有一个优点，穷就代表着成本很低，人工成本低，土地成本也低。所以刚开始的时候，企业可以享受到低成本的优势。现如今虽然经济高度增长，但人工、土地、税收、社保方方面面的成本增加，对企业的压力是非常大的。在这个成本高速成长的时代当中，企业还能不能为社会提供有利的产品，这对于企业的管理与治理都是一项极大的考验。

第二，内容之变带动框架之变。即使做同样的产品，如果企业的框架不对，也会功亏一篑。在处理历史形成因素的同时留下面向未来发展的空间。我认为中国本土企业家有一个很重要的特征，就是极其善于跟方方面面合作，善于协调。要有一个长远目标，有一个信念，步步推进，最后取得成功。改革当中的企业家不只要判断市场，还要懂社会、懂人情、懂政治、懂政策。还要有极大的耐心，不能要求所有事情一步就做到位。

中国是一个辽阔的国家，地方与地方之间竞争非常激烈，都在招商引资，提供各种优惠条件。这对于形成中国大批量制造能力，把中国能跟国际接轨的力量从沿海往内地推进是有积极作用的。但是同时也带来一个副作用，每个地方只能协调自己当地的资源，无法从整个行业、整个市场角度来配置资源，从而在很大程度上导致了产能过剩。

例如一家企业在全国各地都建立了基地，那么公司的战线就会拉长，精锐部队就会稀释，继续研发新技术从而向上突破的力量就变弱了。所以，在形势看上去很好的时候，能够看到深层次的问题，主动放弃，把资金拿回来做研发，这是一个非常正确的选择。

减量说起来容易，实际上就是跟过去的发展轨迹告别。因为形势变了，你不告别，新的形势就会把你淹没。主动告别必然伴随着痛苦和矛盾，但是事后证明这是很值得借鉴的经验。

中国制造业，在转型升级中最重要的是什么

中小企业也要创新。现在大企业有两条路走，一是自己做研发，第二是关注收购小企业的研发。所以现在叫连续创业，成功一项之后可以卖掉，再继续创业。中小企业到底走哪一条路，可以从这个过程中选择。我不认为中小企业马上可以变成科研企业、科技企业，这也不符合实际。

在目前的情况下，要思考如何把我们的制造能力跟全球新研发的东西进行组合。不一定做高尖端的东西，把品质做好就可以。中国产品不是没有市场，要把低价竞争策略变成提升品质策略。同仁堂有一条成功的经验就是真材实料。我们不要低估中国的消费者，如果你的产品质量好的话，消费者还是愿意出钱买的。

怎么想将来，怎么干现在的事

经济学家曾预言，未来总是会有不确定性。那你怎么能判断一定是越来越不好呢？就像这30年来珠三角地区的发展是一天比一天好，当然也可能有些人就喜

欢看负面信息。一般积极、正面的东西难以广泛传播，不太好的事情反而被人们传来传去，可能大家都有看负面消息的偏好，当然我不否认我们存在很多问题。我们现在有一个倾向，就是大家喜欢把一个问题讲到它不可能解决，最后就真的不能解决。我觉得中国企业家的世界观不应该这样。

我也不认为美国是“不明确的乐观主义”，我最近去美国，看到美国人并没有总是把金融危机或者把赚钱项目挂在嘴边，而是心无旁骛地讲他在做的事情，我觉得这个东西决定未来。将来中国的走势会如何发展？取决于中国人怎么想将来，怎么干现在的事。经济学家并不能预测未来，我从来不预测未来。

未来取决于现在的行动，不同的行动会导致不同的未来。经济不是天体活动，可以预测轨道的走向；经济是人的活动，人的思想决定了经济的未来。所以我认为，如果我们对未来完全丧失信心，那么我们的经济很难杀出重围，总要有一个希望。

我们的制造业不是不行

我最近还了解了一个项目，关于盲人的。人之所以能看到东西，归根结底是大脑接收到了信号的刺激，所以很多盲人不是大脑无法接受讯息，而是眼睛受损以后讯息不能传入，通过其他渠道将讯息传入，还是可以成像的。有了这个思想之后，他们就埋头研究了十来年，现在产品已经做出来了，专利也已经申请完毕了。在人的舌头下面放一个小的接收器，连接外部的摄像头，就可以在脑内成影，可以模模糊糊看见外面。现在有些盲人学校已经在使用这个产品，很多盲人第一次看到了节目和演出。现在这家公司准备量产这款产品，产地就选在珠三角。珠江三角洲有数量最多最优秀的技术工人，有可以在工艺和部件这个层次上进行创新的人。

所以，我们的制造业不是不行，不要那么悲观。其实企业界的朋友不需要“过于明确的乐观”，哪怕是“明确的乐观”，就可以推动实现一些事情。这样一起推动着社会的进步，未来的图景就会不同。

（作者为北京大学国家发展研究院教授）

土地利用上的先行劣势与后发优势

贺雪峰

中国政治上的一个好传统是先试点再推广。中国区域巨大、人口众多、国情复杂，任何改革都先进行试点，再对试点进行总结完善，在此基础上获得经验再行推广，就可以降低改革失败的风险，提高改革的成功率。同时，中国地域广阔，发展不平衡。发展快的地方积累的经验教训也可以为后来者提供借鉴。

前不久到珠三角调研发现，珠三角核心区域，无论农地还是建设用地，几乎都已进行了建设。以深圳为例，20世纪80年代为了发展“三来一补”加工业，地方政府鼓励村社集体和农民用土地入股建房子。村社集体建厂房出租，农民则建高层住宅出租。经济快速发展掩盖了土地无序建设中存在的问题。待发展到一定阶段才发现，缺少规划的土地开发相当不合理，而且无序建设很快就耗尽了有限的土地资源。更重要的是，所有建在土地上的建筑或已经开发的土地上面都已经附着了大量的既得利益，珠三角核心区的农民成为了土地食利者。城市要发展，产业要升级，这才发现已经无地可用，因此就要进行“三旧改造”，就要“腾笼换鸟”。无论是“三旧改造”还是“腾笼换鸟”，都必须补偿现有土地上附着的既得利益，广州市仅仅一个猎德村的改造，地方政府就花费四五十亿元财政资金，而珠三角需要改造的城中村和村中城何止千万个。珠三角不仅新的产业难以落地，而且进行城市基础设施建设的成本也极高。

以“城中村”改造为代表的“三旧改造”显然不是珠三角的专利。全国几乎所有特大城市和大城市都有城中村改造这种几乎无法完成的艰难任务，都有这种历史遗留下来的现在需要面对解决的困难问题。上海在全市推行土地减量化政策，主要是拆除过去不在规划区的乡村工业，为了鼓励村社集体拆除乡村工业，上海市政府不仅安排了进度要求，而且给以巨额奖励，一个村若可以拆出50亩建设用地并复垦，就可以得到三四千万元的政策奖补。上海市奖励的力度甚至超过中西部地区中小城市工商建设用地招拍挂的价格。浙江近年来大力推进美丽乡村建设，搞“三改一拆”，主要是拆违，成本极高，反弹很大，甚至已经影响了地方经济的成长。

沿海发达地区和特大城市大城市是中国经济增长的中心，在发展的过程中，因为建设规划和土地制度安排的落后，这些地区形成了种种历史遗留问题，这些历史遗留问题不解决，作为中国经济增长中心的沿海发达地区和特大城市大城市就可能陷入规划继续无序、项目无法落地、土地资源无法为经济发展保驾护航的困境。如何解决这些历史遗留问题就成为了经济发达地区既头痛又不得不想方设法解决的难题。

相对于发达地区，广大的中西部地区经济发展相对落后，土地资源丰富，且土地开发普遍较晚，土地上附着的既得利益较少。因为发达地区先行探索所积累的经验和教训，国家建设规划和政策法规设计上，都及时进行了制度安排，从而防止了土地建设上的混乱局面。正是得益于发达地区土地建设上的教训，中西部地区土地建设和管理比较规范，就使得中西部地区的土地如一张白纸，可以画出最新最美的图画。这幅图画中，最为重要的是利用了中国土地公有制的优势，通过土地用途管制和征地制度做到了土地非农使用增值收益的涨价归公，结果就是，在经济发展和城市扩张的过程中，一方面，更多农地被国家征收为城市建设用地，农地非农使用增值收益的主体部分以土地财政的形式变成城市基础设施建设的主要资金来源；另一方面，良好城市基础设施和有序建设规划又为经济增长和城市发展提供了基础条件。中国经济发展尽享中国土地公有制的巨大“制度红利”，这也是中国创造持续数十年经济增长奇迹的土地制度方面的原因。

也就是说，当前中西部地区在土地利用上具有沿海发达地区不可比拟的后发优势，沿海发达地区在土地利用上则存在着严重的先行劣势。当前土地制度改革主要是解决经济发达地区在先行过程中遗留下来的各种问题，而后发广大中西部地区根本就不存在这些历史遗留问题，因此也就完全不必也不应当学习发达地区土地制度改革的经验。国家就更不应当以发达地区先行劣势下的土地改革经验来指导全国土地制度改革。

当前，正在全国推进的33个封闭运行的土地改革试点，一定要吸取沿海发达地区土地利用上的教训，真正明确沿海发达地区在土地利用上的先行劣势，而充分发挥中西部地区在土地利用上的后发优势。

（作者为华中科技大学乡村治理研究中心主任、教授）

再深一层地看拉美转型的困惑

吴白乙

历史一再昭示，任何社会发展中的积弊，在经济增长过程中解决，比停滞中解决更容易。然而，人类具有一种普遍的惰性，事情不到万不得已，谁都不会轻言改变。因此，“转型”在很多时候都属于“逼上梁山”之举，似乎只有在危机重重之中，人们才愿意回归理性，社会才容易达成共识。

“危机频发”是拉美地区的一大特色现象。从另一角度来说，正是由于危机之后的“转型”一再失败，又导致了危机的不断上演。打破这一恶性循环之链，关键是在国家、社会和民众之间建立“持续转型”的包容性共识。纵观历史和现实，拉美国家未能有效地解决这一难题则有更深层、更复杂的原因。

政治文明的主体性始终没有解决；
两大思潮各执一端，缠斗不休，是造成“拉美病”的本源

在200年前，拉美许多国家获得独立以后，并未在原有的印第安文明和伊比利亚文明两大根基上消化和吸收欧美国家的文明。其政体全盘“西化”，却没有从根本上改变原殖民地经济社会结构，庄园体制在很大程度上影响拉美政治、经济和社会发展历史的演变，其本质是依附性经济自由主义，这一思潮至今仍大有

市场。

20世纪初，民族主义和民众主义文化登上地区发展的历史舞台，许多国家开始探索独立自主的经济发展和政治改良之路，纠正为追求增长而牺牲社会公正的偏向。然而，拉美国家毕竟是在资本主义世界体系内进行现代化的，终究难以摆脱对发达国家资本、技术、知识和管理人才的依赖，也必然导致其民族主义、民众主义文化只能与自由主义文化相对存在，相伴而行。

20世纪拉美现代化经过“外向—内向—外向”等几次重大发展政策调整，数度出现极端化的“钟摆效应”。从根本上说都是上述两种思潮激烈斗争的结果，而其中任何一种思潮都被证明难以有效地兼顾“效率”和“公平”两大发展目标，均不能真正带来健康和可持续的产业结构升级和社会变革。有学者指出，拉美文明进程过早地移植西方模式，造成其自身积淀不足而消耗有余。在独立后的近两个世纪中，拉美形式主义地学习西方几乎占去了其一半时间，而每个转折时期自我否定的内耗又占去了所剩时间中的一大部分。

先天不足的民主制度不仅没有催生拉美社会平等发展的环境，反而加剧了其分化和分裂，导致一些拉美国家为转型付出了沉重的体制代价

发展中国家在现代化之初都面临农业文明解体、传统社会分崩离析的严峻挑战。要解决“一盘散沙”的难题，就必须首先解决好社会组织相对统一和政策执行高度集中的问题。然而，由于先天不足的民主制度并未触及影响拉美经济发展的物权过于集中的矛盾，土地等基本生产资料长期为极少数人口所垄断，权贵资本主义得以在国家庇护下进一步发展，甚至与军队及外国资本联手打压进步的平权运动。

20世纪50年代后，对改良式变革深感绝望的拉丁美洲人民先后四次选择革命，除古巴之外，玻利维亚、智利和尼加拉瓜都没有建成真正意义的社会主义。随着冷战结束和经济全球化的到来，权威主义退出拉美政坛，民族资本家、经济精英、中产阶级、城市工人阶级、农村贫民、少数族裔等各种政治力量在地区民

主化进程中竞相角逐，但却造成党派林立、阵营混乱、诉求多元、共识难立等新的政治生态，无怪乎拉美人自嘲“拉丁美洲目前似乎需要的是无法治理的民主政治”。

21世纪以来，巴西、委内瑞拉、阿根廷以及厄瓜多尔、玻利维亚等国家相继出现由左翼力量执政的“粉色革命”，力图将本国引向自主、平等和可持续发展的康庄之路。尽管奉行民众主义思想的左翼政府推行了一系列有利于强化国家作用和扶贫减贫的经济社会政策，并取得公认的成就，但在产业结构调整、教育改革、创新能力培育等重大“转型”挑战方面仍难有作为。一方面，相较于右翼精英，左翼政府更重视社会分配，甚至为了争取选民而过度发放福利，但依然无法撼动民主制度下已经固化的利益格局和发展模式；另一方面，左翼政府鼓励大众政治参与，但无力在民主制度内有效地控制和疏导政治秩序，无法摆脱议会和在野党在重大改革问题上的缠斗和抵制。一旦经济进入下行期，其行政干预的资源和能力严重受限，民意反水便有可能成为“压倒骆驼的最后一根稻草”。近年来，阿根廷、委内瑞拉、巴西等国先后发生政坛“地震”，均表明左翼进步力量在资产阶级民主体制内推进经济社会的结构性改革，其成效只限于一时、一域，终究难以有序地完成系统性转型的目标。

域外霸权的长期控制、干涉，也是拉美国家转型失败的重要原因

拉丁美洲地域广袤、自然资源富足，西班牙、葡萄牙、荷兰、英国、法国等欧洲列强曾先后将其作为主要的殖民对象。美国对拉美国家的独立运动给予过强大的道义支持。19世纪后期，现代工商业迅速发展促使美国商人和政治领袖将目光投向拉丁美洲。相较于欧洲人，“他们更公开地觊觎这里的财富。在许多人眼中，拉丁美洲人似乎在完成对大自然为这一地区赋予的使命中，行动过于迟缓”，“‘需要一点新教徒的道德和美国佬的技术’将潜力变为现实”。此后，美国通过入侵和颠覆、金元外交、资本和技术垄断，将拉美国家带入其主导的半殖民地性质的“出口飞地现代化”进程。

到20世纪30年代末，“在整个拉丁美洲地区，只有阿根廷工业占国内生产总值的比例超过了20%。大部分地区（国家）仍然依赖于出口”，其中原材料和初级产品占出口收入的一半以上。严重依赖外国市场和资本输入的经济增长方式，使得许多拉美国家产业结构单一，内部投资不足，债务危机一再上演。对此，拉美有识之士和民族先驱们曾作出英勇的反抗。古巴民族英雄何塞·马蒂谴责美国的扩张主义，并为抵抗入侵而捐躯。1950年，危地马拉民选总统阿本斯在就职时承诺，在全国实行土地改革，“将国家从依附性状态转变成经济独立，从封建状态转变到现代资本主义经济”。阿本斯的政策引起掌握全国72%土地的大地产主（占总人口的2%）以及控制该国香蕉生产的联合果品公司的极大恐慌。美国政府认为“任何限制资本主义发展的行为必定具有社会主义性质”，通过持续的政治和军事压力将阿本斯赶下台。同样，20世纪60年代的智利经济结构带有很强的依附性、垄断性特征。外国资本掌握该国铜矿生产的90%。在农村，占人口1%的大地主占有75%的可耕地。他们大量地抛荒土地，使得国家每年需大量进口粮食。1970年具有左倾思想的阿连德总统上台后，推行国有化运动，征收外资企业以维护国家经济主权，进行土地改革以满足无地农民的需求，引起美国对智利实行大规模经济封锁，并在政治上、军事上支持智利亲美反政府势力。1973年，右翼军人发动政变推翻民选政府，阿连德的“社会主义道路”实验归于失败。

20世纪80年代，拉美地区再度发生债务危机。美国政府联合国际货币基金组织、世界银行以纠正“扭曲的市场体系”为由，为拉美国家开出“减少政府干预，促进贸易和金融自由化”的改革药方，史称“华盛顿共识”。事实表明，美国此次政策干预最终使拉美国家对美国资本、市场依赖更为严重，产业和产品竞争力进一步弱化，经济非组织化、社会“碎片化”趋势加剧，贫富差距更为悬殊，转型的难度更大。墨西哥人感叹自己“离上帝太远，离美国太近”，实际上也道出整个拉美地区对美国所强加的种种不幸的愤慨与无奈。

传统生存文化流失后，新的发展观却没有形成；拉美对于转型的迟疑或许来自民众对“现代化”的抗拒

迄今为止，外界对拉美改革和转型的评价基本围绕其决策成效来展开，其依据无外乎一般的经济社会发展指标，较少关注当地文化特性和人们的生存观念。总体而言，拉丁美洲各民族乐观、奔放，崇尚自由和内在感受，也极富想象力和艺术天赋。与此相辅相成的是，他们更注重个性化发展并易于满足，对现代大工业需要的高度组织化、标准化有一种本能的趋避。“1960年以前，当大多数人仍然生活在农村时，生存文化的确存在，它提供了一种生活方式，在北美洲人看来也许是贫穷，但也许正是足以满足社区需要的更简单的生活方式”。

20世纪拉美现代化持续展开，造成大量失地人口向城市迁移，却并没有如传统理论预期的那样自然地转变为现代产业部门劳动大军。在拉美多数国家，现代经济部门就业人口占比不足30%，而在非正规部门就业及自雇者则占全部劳动人口的70%。除了经济、社会政策失调等现实原因外，这一独具特色的就业现象也同拉美的历史和文化存在必然的关联。

人力资本和教育投资既是经济发展的推进器，也是中下阶层实现向上流动的最有效途径。然而，拉美地区家庭人力资本投资比率较欧美、东亚地区偏低，“相当一部分中层阶级家庭还存在不理智的消费模式问题，不愿意改变其传统的消费习惯，甚至一些中低收入家庭不惜举债购买那些传统上仅限于高收入阶层消费的商品和服务，因而影响了对子女教育的投资”。

（作者为中国社会科学院拉丁美洲研究所所长、研究员）

质量追赶：追赶的新阶段

刘世锦

《中国经济增长十年展望（2016—2025）：由数量追赶到质量追赶》一书，是“中国经济增长十年展望”系列研究的第四辑。2016年是“十三五”的开局之年，而“十三五”是实现全面建成小康社会目标的冲刺期，从长期经济发展阶段看，也是中国经济由高速增长到中速增长转型的关键期。转型进程如何，关系2020年发展目标的实现，更对中国的现代化进程影响重大。

中速增长期依然是追赶期

由高速增长转到中速增长，这个中速增长期如何定位，在长期增长分析框架内，它处在什么位置，起到什么作用，是一个值得研究的问题。就经济增长理论和发展经济学来说，以往重点放在解释后发经济体的“起飞”问题上，对起飞后的持续增长和到达一定水平后的“降落”问题缺少关注，虽然国际上也有一些文献关注到了“降落”的问题，但尚未形成一个有较强解释力、影响力的分析框架。对中速增长期的研究，不论对理解这个特定时期，还是构造一个长期分析框架，都有重要意义。

从时间分布来说，中速增长期大体上处在高速增长期结束后与成熟增长期到来之前的区间。这里所说的成熟增长期，是指美欧日等发达经济体已经达到的增长阶段，已实现需求的更新支出，如住房、汽车的置换或维修等支出，构成需求的主要部分。这种更新需求在中国逐步增多，但中国远未达到成熟增长阶段。

与成熟增长期相比，中国至少还多出了两方面的需求，一是工业化阶段尚未实现的需求，或者说中高收入阶层已经实现但中低收入阶段尚未实现的需求，如农民工进城后的住房需求、低收入者的首次购车需求等；二是消费结构升级，重点是服务性需求比重上升，中产阶级推动此类需求增长是主力军。这两种需求加上更新需求，构成了中速增长期的主导性需求。

中速增长期依然是追赶期。这个判断相当重要。中国目前人均GDP约8000美元，美国人均GDP超过50000美元。从购买力平价计算，中国也只约相当于美国的三分之一。如果要接近或赶上美国的人均收入水平，从数量上说，大部分追赶还是完成于中速增长期。但由于基数已经很大，即便增速放缓，仍可保持人均收入水平不低于以往的数量增长。

质量提升大部分仍然是“追赶型”的

难度主要表现在质量提升上。这里要谨慎地将质量提升与创新驱动区分开来。质量提升大部分仍然是“追赶型”的，也就是说，还是要把主要精力放在学习、吸收甚至模仿上，只是“标的物”由过去的“铺摊子”转到“上台阶”。质量追赶过程中当然会有创新，但大多是适应性、扩展性的创新，那些根本性、具有颠覆意义的创新也可能出现，但能够形成直接增长推力的比重应该不大。这里要注意的是，在强调创新时也要强调追赶，事实上，追赶的空间远大于创新。这不仅涉及对创新驱动的如实评估，也涉及具体的战略和政策选择。比如，把重点放在追赶上，就应当采取更为开放且选择性更强的政策，鼓励支持那些有助于质量提升的“引进来”“走出去”活动。实现某个质量追赶目标，能拿过来还是要先拿过来，以降低成本、缩短周期。

质量追赶与数量追赶相比，对发展条件、体制和政策环境的要求将有很大不同。在现有的情况下，需要有针对性地解决好以下几个突出问题。

一是纠正资源错配。目前在行业之间依然存在着较大的生产率差异，表明要素流动不畅、配置欠佳，根源在于行政性垄断，要素的市场化流动和定价受阻。通过深化改革纠正资源错配，仍会在“老经济”中释放出规模可观的需求，特别是有利于提高效率的投资需求。更重要的是能够提高生产率，增加收益，化解潜在风险。这也是当前供给侧改革中“降成本”潜力最大的领域。

二是激励产业升级。产业升级包括发展新兴产业，如与制造业升级相关的生产性服务业、与消费结构升级相关的生活性服务业；在已有产业中采用新装备、新技术，如用机器替代人工；更多地则是在产业价值链上的提升，如由低端制造转到高端制造，加大设计、研发、品牌等元素的比重。产业升级将带来专业化分工协作关系的深化，产业集中度的适当提高；将更多地开发和利用中高级生产要素，全面提升人力资本质量，优化资源配置水准；将从行业标准到工匠精神，全面推动精致生产的制度和文化建设。

三是营造创新环境。创新与产业升级既有联系也有区别。区别在于，产业升级中的大多数内容，发达国家已经有了，我们也要跟着有，也就是追赶的含义；而创新则是从无到有，我们与发达国家大体处在同一起跑线上。创新必须经历一个试错过程，因而不确定性显著加大。之所以强调市场在创新中的基础性作用，就是让更多的人参与创新，提高创新试错过程中的成功概率。所谓营造创新环境，就是要形成有利于市场发挥作用、能够吸引到更多创新要素的体制和政策条件。创新的作用日趋重要，但创新型城市或区域创新中心并非人为指定的，而是在竞争中形成的。

2010年，在人们把高增长看成理所当然的时候，我们提出中国经济将要下一个较大台阶，由高速增长转入中速增长；而在目前，我们认为，如果供给侧结构性改革能够取得实质性进展，大的政策不出现颠覆性错误，中国经济有很大可能性在今后一两年成功触底，进入一个速度适当、更具创造性和可持续性的增长平台。从国际经验、特别是东亚成功追赶型经济体的经验看，中国经济转型成功、跨越中等收入陷阱、进入高收入社会增长轨道的概率还是比较高的。这个时候过度看空、看衰中国经济是没有依据的。当然，这个时候会有更多的不确定性，对政策选择有更高的要求，正确而有效地推进改革，尤其是供给侧结构性改革，无疑是稳定预期的关键变量。

（作者为国务院发展研究中心原副主任）

结构改革中的两个认识偏差

王东京

协调发展涵盖城乡区域协调发展，经济社会协调发展，新型工业化、信息化、城镇化、农业现代化同步发展等诸多方面。但若从学理角度看，以上各方面的协调最终要反映为两个层面的协调：一是总量平衡；二是结构合理。

先看总量平衡。我们知道，过去计划经济时期，总量不平衡表现为商品短缺，即总需求大于总供给；而市场经济下的总量不平衡，通常表现为总供给大于总需求，即产能过剩或商品过度库存、失业率上升。20世纪30年代西方国家出现了普遍的生产过剩，凯恩斯于1936年出版了《就业、利息和货币通论》，此后凯恩斯的需求管理理论大行其道，并一度成为西方国家的国策。

从结构入手推动无疑是对经济学的一个创新

在凯恩斯看来，扩大需求的重点是投资。理由有两个：一是供求总量要平衡，储蓄必须转化为投资。他是这样论证的：假定一个国家只有企业与居民两个部门（不考虑税收、政府支出与进出口），于是从总收入（供给侧）看：国民收入＝工资＋利润＋利息＋地租＝消费＋储蓄；而从总支出（需求侧）看：国民收入＝投资＋消费。总收入等于总支出，则：消费＋储蓄＝投资＋消费。等式两边都含消费，故左边的储蓄必等于右边的投资。

上面论证看上去天衣无缝，但其实有疑点。不错，在年底回头看当年的国民收入存量，储蓄确实等于投资；但若在年底看下一年的国民收入流量，保持总量平衡却未必要将储蓄转化为投资。储蓄可向两个方向转化：如果投资需求不足，储蓄可转化为投资；如果消费需求不足，储蓄则可转化为消费。事实上，不仅储蓄转化为投资可以扩内需；储蓄转化为消费也可扩内需，肇始于欧美、风行全球的信贷消费，就是将储蓄转化为消费的例子。

凯恩斯主张刺激投资的另一理由，是他认为投资对扩大需求有乘数效应。如投资兴建一家汽车厂，生产汽车需要钢铁，于是可扩大钢铁厂的需求，钢铁厂炼钢需要买煤，则可扩大煤矿的需求，煤矿需买采掘机，又可扩大机械厂的需求。我们不否认投资有乘数效应，但消费也有加速效应：消费者购买汽车，可扩大汽车厂的需求，而汽车厂需买钢铁，又可扩大钢铁厂的需求，以此类推，也一样会产生连锁的需求放大效应。而且经济学并未证明，对拉动需求，扩投资一定胜于扩消费。20世纪70年代，西方国家陷入滞胀，表明凯恩斯理论并非灵丹妙药。

中央当前力推的供给侧改革既不同于凯恩斯主义，也不同于西方的供给学派，供给学派的重点在减税，而供给侧改革的要义是结构改革。从结构入手推动总量平衡，无疑是对经济学的一个创新。

现在的问题是，对于结构改革人们还有不同意见

现在的问题是，结构改革由谁来主导，对此人们还有不同意见。有人认为，政府应成为调结构的主体，而按照经济学分析，若让政府作为调结构的主体至少应满足三个条件：一是政府要事先知道未来怎样的结构是合理的结构：二是政府官员要比企业家更懂得市场；三是行政调节要比市场调节更有效。

政府能满足以上三个条件吗？政府官员并非先知先觉，自然很难知道未来怎样的结构是好结构。“九五”时期政府曾提出要振兴煤炭、钢铁、汽车、建材等产业，可到“十五”时期就出现过剩。2009年，国家颁布《十大重点产业调整与振兴规划》，而在2013年国务院发布的《关于化解产能严重过剩矛盾的指导意

见》中，所涉产业几乎都属于2009年要振兴的产业。

那么政府官员是否比企业家更懂市场呢？官员常常坐在办公室听汇报，看错了市场自己不赔钱；企业家一旦投错了项目，赔的是真金白银，所以一般说来官员不会比企业家对市场更敏感。倒是行政调节与市场调节哪个更有效，不好一概而论。行政调节相对市场调节见效快，但容易一刀切；而市场调节虽非一刀切，但见效慢。

两害相较取其轻。结构调整的主体，我认为应该是企业而非政府。虽然企业家也不知道未来怎样的结构才是好结构，但市场知道。因为市场价格会反映供求状况。由于企业家更关注市场，他们能根据市场变化不断调整生产，让供给去适应市场需求的变化。

第三产业应该发展，但并不等于各地要一窝蜂，更不应拔苗助长

目前国内有一流行观点，认为判断一个地区结构是否合理，关键要看第三产业比重，第三产业比重越高，结构就越合理。此看法显然是来自“配第–克拉克定理”。威廉·配第在1672年出版的《政治算术》中曾比较过英国农民、手工业者与船员收入，得到的结论是：从业之利，农不如工、工不如商。于是他预言：劳动力将会从第一产业依次向第二、第三产业转移。1940年英国学者克拉克又以40多个国家的历史数据作样本，验证了配第的这一预言。

“配第—克拉克定理”没有错，但很多人却不知道该定理只有在两个约束下才成立：一是发展阶段（时间）约束；二是分工范围（空间）约束。发展阶段约束是指该定理只存在于工业化初期与中期，工业化后期并不成立，今天欧美制造业强势回归就是例证。所谓分工范围约束，是指该定理的适用范围要由分工范围决定。若分工仅局限于一个县，该定理就只适用于这个县；分工若扩大到一个省，此定理就适用于这个省；若一个国家形成了地区分工，此定理就适用于这个国家而不适用于某个地区。

举例说吧。假定一个国家有甲、乙、丙三个地区，甲地的比较优势是农业，乙地的比较优势是工业，丙地的比较优势是第三产业。设若这个国家已经形成了

地区分工，这样甲、乙、丙三地应各自发挥自己的比较优势，大可不必拘泥于“配第—克拉克定律”。从单个地区看虽然每个地区都不符合该定理，但只要这个国家仍处在工业化中期，其整体结构演进趋势仍会与该定理一致。以19世纪的英国为例：那时英国的结构演进符合“配第—克拉克定律”，但德文郡却是发展农业；曼彻斯特是发展工业；而伦敦则是发展金融服务业。

目前，中国各地都制订出了“十三五”规划，据了解，不少地方政府，表示要大力发展第三产业。在我看来，这还是政府主导调结构的思路。中国第三产业应该发展，但并不等于各地要齐头并进，更不应拔苗助长。不然大家一窝蜂，地区结构肯定会雷同，而且容易导致实体经济虚脱。所以，结构调整还是应该按照中央精神，让市场起决定作用，同时发挥好政府作用。政府要做的应该是：最大限度地放开商品价格，让价格充分反映市场供求；努力创造公平竞争环境，让生产要素自由流动；全方位地提供公共服务；针对结构瓶颈补短板。

（作者为中央党校教授）

共享发展的分配原则

王东京

党的十八届五中全会指出：要为全体人民“共享”发展成果做出更有效的制度安排。我体会，这主要是指收入分配要体现公平。

从理论上追溯，最早重视分配公平的思想家是马克思。当年马克思在《资本论》中预言资本主义制度将被新制度替代，一个重要依据就是资本主义的生产资料私人占有与分配制度不公平，从而导致了财富积累与贫困积累两极分化。一个不公平的社会制度，必被历史淘汰。

对为何要实行公平分配，英国经济学家庇古在1920年出版的《福利经济学》一书中提出这样一个观点：即便社会财富不增加，只要收入实行均等化分配也能增进社会福利。何以如此？他的理由是，穷人一块钱的效用要比富人一块钱的效用更大。对富人来说，多一块钱不过是锦上添花，少一块钱也无足轻重；可对穷人来说，多一块钱是雪中送炭，少一块钱则可能影响生存。这样，将富人的收入转移一部分给穷人，社会福利会因此增大。

20世纪前半期，庇古的这一观点广受关注，并影响过西方国家的政策。当然，其间也受到不少人批评。批评的理由有两点：一是认为效用属主观感受，无法横向比较。穷人缺钱可能买不了自行车，富人缺钱可能买不起汽车，所以不能说一块钱对穷人的效用就比富人大。二是认为公平与效率同等重要，不能顾此失彼。若只强调公平不重视效率，长此以往经济发展会停滞，最后富人也会变成穷人。

公平分配当然不能搞绝对平均主义。其实在庇古之前，意大利经济学家帕累托就提出过关于福利优化分配的标准。在帕累托看来，福利分配的最优状态，是指在既定分配状态下，任何改变都不可能使至少一个人状况变好，而不使任何人状况变坏。通俗地讲，若不减少一个人的福利就无以增加另一个人的福利，分配如果达到这样一个状态，便是最优的分配。

帕累托还指出，福利分配除了最优状态，同时也存在次优状态，即不减少任何人福利仍可增加某人的福利。学界称此情形为“帕累托改进”。有这种情况吗？当然有。比如当年中国农村改革实行家庭联产承包制，农民收入增加，城市居民并未因此受损。帕累托强调，只有“改进状态”的收入调整，才可同时兼顾公平与效率。

然而困难在于，收入分配调整并不能仅局限于“帕累托改进”，为了照顾公平，政府有时不得不动富人的奶酪。那么富人的奶酪在何种条件下才可以动呢？对此美国学者卡尔多提出了“假想补偿原则”。“假想补偿”当然不是真的补偿。卡氏的意思，政府调节收入可以抽肥补瘦，但要有前提，即穷人得到的收入能足以弥补富人的损失，否则动富人奶酪就得不偿失。

举例说，用富人的100元收入补贴穷人，若穷人收入因此增加了110元，这样补偿富人100元损失后（社会总收入）还多出10元，倘如此，卡尔多认为这种收入调整可取；反之，若用富人100元收入补贴穷人，结果穷人收入只增加80元，穷人增加的收入不仅不能补偿富人的损失，社会总收入还减少了20元。这种收入调整显然不合算，也不足取。

问题是怎样才能让补贴有效率？著名经济学家弗里德曼有一个设想，即采用负所得税方案予以补贴。负所得税的计算公式是：负所得税（补贴）= 社会贫困保障线 - 个人实际收入 × 负所得税税率；而个人实际可支配收入 = 个人实际收入 + 负所得税（补贴）。弗里德曼说，用这种办法补贴穷人的最大好处是补贴兼顾效率，可鼓励贫困者通过勤奋劳动脱贫。

请看下面的例子。假定政府规定的贫困保障线为1000元，负所得税税率为

50%，若某穷人的实际收入为1000元，按上面的公式算可得补贴500元，最后个人可支配收入（实际收入加补贴）为1500元；若实际收入500元，可得补贴750元，个人可支配收入为1250元；若实际收入为零，则可得补贴1000元，个人可支配收入也只1000元。可见，实际收入越高，最终个人可支配收入也越高。

以上是经济学关于分配的相关理论，转向政策层面，对我们正在进行的“扶贫攻坚”有三点启示：一是共享发展体现社会公平，事关人心向背，故防止两极分化是政府义不容辞的职责；二是调节收入分配应优先采取“帕累托改进”，凡是不存在外部负效应的分配改革，皆应尽快推进；三是调节贫富差距要兼顾效率，上策是社会总收入不减少。为此，政府扶贫要立足“造血”，帮助贫困人群将蛋糕做大。

（作者为中央党校副校长）

“过剩产能”辨

史正富

2015年年末，中央经济工作会议提出要“抓好去产能、去库存、去杠杆、降成本、补短板五大任务”。此后，化解过剩产能就成为经济领域的一项重要工作。但从实践来看，对“过剩产能”有一些误解。

过剩产能有“标准性产能过剩”，也有“相对过剩产能”

事实上，过剩产能多种多样，需要加以分类，具体分析。

其中一类过剩产能可以称为“标准性产能过剩”，即在环保、安全、消防、能耗等政策标准上不达标，丧失存在资格的过剩产能。一方面，多数“标准性过剩产能”产生在企业滚动式高速增长阶段，产生的原因是设备水平低、管理粗放、环保理念不足、安全措施不够、相关投资严重不足。另一方面，近年来环保标准、安全标准逐年提高，执法力度逐年加大，这类产能既无法达到国家生产标准，也不符合我国产业转型升级的历史趋势，因此是必然要被淘汰的落后冗余产能。

另一类过剩产能的形成并不是由于上述技术、环保安全标准的落后，而是2008年全球金融危机以来，世界范围的有效需求大幅下降，因有效需求不足而产生的“相对过剩产能”。

就规模而言，这些“相对过剩产能”很庞大，主要集中在重化工——基建领域，涉及2—3亿吨钢、几亿吨水泥、几十亿吨煤炭、万亿度级别的电力，以及大量铝、有色金属、石化产品、几十万台工程机械和运输车辆，另外还有以存货形式表现的过剩，如约6亿平方米的商品房库存。行业人士估计，这些行业过剩产能平均在30%以上。

将所有过剩产能都视为多余的看法十分片面

目前，社会上很多人习惯上将所有过剩产能都视为是负面的、多余的，因而应该被淘汰。这种一刀切的看法十分片面。

因有效需求不足而产生的“相对过剩产能”，也就是符合技术、环保、安全标准的那部分过剩产能，就技术——经济标准而言，是可以正常运行的“好产能”。它们是几十年来中国千千万万的工人、技术人员、企业家，从无到有，一点一滴，付出了极大的心血和努力积累起来的生产性资产。必须看到，这些生产性资产是我国人民艰苦奋斗的汗水结晶与财富积累。

这些产能都曾是我国工业发展的成就与财富；即使在今天，也是绝大多数新兴经济体（如印度、印尼）求之不得的宝贵工业资产。如今，在我国这些“好产能”之所以被当作“过剩产能”，只是全球经济格局变动、市场有效需求持续下跌所致。如果出现新的市场需求，今天的“相对过剩产能”不就立刻变成明天的宝贵生产性财富了吗?

有些“过剩产能”还可以转化成“有效产能”

经济学习惯区分需求与需要，如果不谈短期需求，而是着眼于国家长治久安、国民安居乐业的长期需要，就能发现，上述相对过剩产能都是国家长期发展所必需的重要生产资料。

事实上，从长期看，我国有四大领域存在严重的供给短缺，包括广义生产要素、高新产品、民生资产以及国家安全资产。广义生产要素，包括生态、能源、人力、资源、科技五大类别。高新产品，包括战略性科技产品、优质消费品等。民生资产，包括公共服务能力、社会保障住房等。国家安全资产，包括南海开发，南疆开发，软实力与话语权基础建设，“一带一路”战略设施所需的基础设施，相应军力、投射能力建设所需的巨大先进军备装备、技术与人员等。

上述这些关乎我国长期发展潜力与质量的广义生产要素、民生资产和国家安全资产，我称之为国家战略性基础资产。从历史国情与国际比较观察，我国战略性基础资产的积累严重不足。对这些国家战略性基础资产进行投资，涉及的项目许多都是超越都江堰规模的超级国家工程，而其投资设施的主要耗材就是当前的“相对过剩产能”。大工程一开动，就意味着将新增加对钢、煤、电、铝、化工、建材、工程机械、运输车辆、建筑工人等的有效需求，直接将“过剩产能”转化成“有效产能”。

可见，解决相对过剩产能的问题，既要坚定不移地“去产能”，即淘汰不符合政策标准和发展需求的不达标产能；更需要规划与部署对国家战略性基础资产（或简称国家基础资产）的投资，通过实行结构性投资，实现有效利用相对过剩产能。“去产能”与“用产能”应当两手抓、两手硬，才能实现“调结构、促增长”的长期目标。

（作者为复旦大学中国研究院学术委员会主任、教授）

创立“系统化的经济学说”

卫兴华　闫　盼

当前，我国已进入发展和完善中国特色社会主义的新的历史时期。习近平同志指出：要立足我国国情和发展实践，揭示新特点、新规律，提炼和总结我国经济发展实践的规律性的成果，“把实践经验上升为系统化的经济学说”。可以说，创立具有自己特点的“系统化的经济学说”，是摆在中国马克思主义经济学者面前的一项重要任务。

立足我国国情和发展实践，发展当代中国马克思主义政治经济学

马克思把政治经济学区分为劳动的政治经济学和资本的政治经济学。前者是为劳动人民求解放和谋福祉的政治经济学；而后者是为资本主义和资产阶级利益服务的政治经济学。正因为马克思主义政治经济学是劳动人民的经济学，所以习近平同志指出：学习政治经济学要坚持以人民为中心的发展思路，这是马克思主义政治经济学的根本立场；要坚持把增进人民福祉、促进人的全面发展、朝共同富裕方向稳步前进作为经济发展的出发点和落脚点。

马克思主义政治经济学是随着经济实践和经济形势的发展而发展的。作为政

治经济学重要方法的辩证唯物主义和历史唯物主义已经揭示：事物是不断发展变化的，任何社会经济制度都处在发展变化之中。因此，学习马克思主义政治经济学的基本原理不能将其当作静止的教义，而是应把继承、发展与创新统一起来。因此，习近平同志要求，要立足我国国情和我国发展实践，发展当代中国马克思主义政治经济学。

对于马克思主义政治经济学的某些基本原理，可以结合当代实践进行创新，但不能动摇和否定。比如，当劳动人民取得国家政权，要首先把生产资料掌握在国家手中，这种国有制经济是社会主义制度的经济基础。同时，马克思主义还有一个观点：私有制的产生是生产力发展到一定程度的结果，私有制的存在又是生产力没有达到很高程度的结果。恩格斯指出：无产阶级革命只能逐步改造现社会，只有创造了所必需的大量生产资料之后，才能废除私有制。在我国生产力还较落后的具体经济情况下，可以根据马克思主义生产关系一定要适合生产力发展状况的规律，不搞单一的公有制经济，而是实行公有制为主体、多种所有制经济共同发展的基本经济制度；而且把以国有制为核心的公有制的存在形式与其实现形式区别开来。没有灵活的、多样化的实现形式，国有经济会成为僵化的、缺乏生机的经济形式；但又不能用公有制的实现形式，否定国有经济和整个公有制经济的存在形式。

所有制问题是马克思主义政治经济学的第一位的问题

既不搞单一公有制经济，又要探寻公有制的有效实现形式，以有利于社会主义经济的发展，这就是将马克思主义基本原理与中国社会主义经济实际相结合的政治经济学的创新与发展。对于这种创新与发展，我国宪法用“社会主义经济制度”与“社会主义初级阶段的基本经济制度”两个并存的概念表述出来。但是，有些人没有分清两者的区别，将非公经济也视作“社会主义经济制度”的内容。社会主义经济制度只以社会主义公有制即国有经济（全民所有制经济）和集体经济为基础。这是马克思主义政治经济学关于社会主义经济制度的一般的、共有的规定性，中国特色社会主义也要遵循。但是，中国特色社会主义又必须根据自己的实际经济情况对此进行发展与创新，表现为不搞单一的公有制，而是实行以公有制为主体，允许和鼓励私营、外资、个体经济共同发展的基本经济制度。

必须明确公有制是社会主义经济制度的基础和党的执政基础，这是当代中国马克思主义政治经济学必须坚持的一条根本原则。习近平同志明确指出：毫不动摇地巩固和发展公有制经济，毫不动摇地鼓励、支持和引导非公有制经济发展；同时，要坚持公有制主体地位不能动摇，国有经济主导作用不能动摇，这是保证我国各族人民共享发展成果的制度性保证，也是巩固党的执政地位、坚持我国社会主义制度的重要保证。所有制问题，是马克思主义政治经济学的第一位的问题。坚持、发展和创新马克思主义政治经济学和当代中国马克思主义政治经济学，首先是要坚持、发展和创新我国社会主义现阶段公有制的主体地位和其实现形式，决不能动摇、否定国有经济和整个公有制经济的存在和发展。同时，又要毫不动摇地鼓励、支持和引导非公有制经济的发展，对非公经济在我国现阶段的地位和作用的重要意义，应有足够的认识。

马克思主义政治经济学表明，生产方式决定分配方式。社会主义生产方式决定了分配方式是按劳分配。由于存在公有制为主体、多种所有制并存的情况，所以要实行按劳分配为主体、多种分配方式并存的分配制度。公有制中实行按劳分配，私营、外资企业实行按生产要素所有权分配。在此方面，习近平同志指出：要坚持和完善社会主义基本分配制度，不断缩小收入分配差距。

学习和发展马克思主义政治经济学，必须明确两个问题：为什么要搞以公有制为基础的社会主义？怎样搞好社会主义？马、恩、列告诉我们，实行社会主义，从根本上说：一是要更快更好地发展生产力；二是要通过发展社会主义经济，满足全体人民的物质文化需要，实现共同富裕。正如列宁所说，社会主义要“使所有劳动者过最美好、最幸福的生活”。邓小平将其归结为社会主义本质，即解放生产力，发展生产力，消灭剥削，消除两极分化，最终达到共同富裕。改革开放以来，中国特色社会主义经济理论与实践，都是围绕社会主义本质所要求的两大环节进行发展与创新的。

马克思主义政治经济学和社会主义经济实践，相互推动与发展

改革开放以前，以毛泽东为代表的中国共产党人也重视政治经济学的发展与创新，如新民主主义理论、《论十大关系》中的经济理论；党的八大关于当前社会主义社会的基本矛盾是人民对经济文化迅速发展的需要同经济文化不能满足人民需要的状况之间的矛盾，因而全国的主要任务是集中力量发展社会生产力的理论；关于农业为基础、工业为主导、农轻重协调发展的理论；关于综合平衡的理论等。其内容，都是主要论述怎样更好地发展生产力，发展社会主义经济，怎样更好地处理和发展多方面的经济关系，包括发展和完善社会主义生产关系。

我们在社会主义经济建设中，也曾有过违反经济规律人为地拔高生产力和生产关系的失误。改革开放以来，我们总结我国社会主义实践中得失成败的经验与教训，提出了一系列坚持和发展马克思主义政治经济学的理论观点，并在实践中发挥了指导作用。这主要包括：社会主义本质理论；判断改革开放和一切工作是非得失的“三个有利于”的标准；社会主义初级阶段理论和初级阶段的基本经济制度理论；关于用好国际国内两个市场、两种资源的理论；关于中国特色社会主义道路、理论、制度的创新观点；关于社会主义市场经济理论，特别是强调使市场在资源配置中起决定性作用和更好发挥政府作用的理论；关于促进社会公平正义、逐步实现全体人民共同富裕，强调共同富裕是中国特色社会主义基本原则的理论；关于推动经济更有效率、更加公平、更可持续发展的理论；关于树立和落实创新、协调、绿色、开放、共享的新的发展理念；关于我国经济发展进入新常态的理论；关于推动新型工业化、信息化、城镇化、农业现代化相互协调的理论等等。所有这些，都是结合我国经济社会发展的新形势、新任务提出的新的政治经济学创新理论。如果进行深入分析可以发现，这一系列创新理论同样都是围绕怎样更快更好地发展社会生产力，发展社会主义经济，怎样更好地发展和完善中国特色社会主义的生产关系，包括民生为重、缩小收入差距，使劳动人民全面发展，走社会主义共同富裕的道路。但是，不要把改革开放以来实行过的一切新举

措，都当作马克思主义政治经济学的创新与发展，都作为中国特色社会主义政治经济学的应有内容，如乡镇企业、包产到户等是在特殊社会经济背景下出现的事物，是为摆脱严重短缺和困境的政策举措。

实践证明，马克思主义政治经济学和社会主义经济实践相互推动与发展。随着社会主义经济建设事业不断发展，随着经济实践发展的新成就和出现的新问题，我们需要总结和上升为政治经济学的新理论，用以指导社会主义建设事业。

（作者单位：中国人民大学经济学院、
北京市怀柔区发展和改革委员会）

记账货币：货币的“原始概念”

韦　森

在1930年出版的《货币论》上卷开篇第一句话，英国经济学家约翰·梅纳德·凯恩斯就指出：“记账货币是表示债务、物价与一般购买力的货币。这种货币是货币理论中的原始概念。”凯恩斯在《货币论》上卷数章中还分析了当时他观察到的许多货币的存在形式，包括记账货币、商品货币、正式货币、国家货币、银行货币、管理货币、流通货币、收入货币、营业货币、储蓄货币、不兑换纸币、表征货币等。80多年之后，我们现在真有点不知道为什么当时凯恩斯对货币分了那么多类，甚至也不知道他说的每类货币到底是指什么。

尽管如此，凯恩斯在《货币论》的前几章中，确实说出了一个至今许多经济学家、经济史学家乃至货币史家都没有弄清楚的重要事实，货币的存在形式之一是“记账货币”。这一点对理解到底什么是货币，以及货币是如何产生的，货币在市场中的作用是什么，以及当下的宏观经济政策，均有着切实的意义。实际上，经济学中的许多困惑都似乎与这个问题有关，而理解了这一点，也可以更好地理解当下世界一些国家的货币政策。

由于数百年来经济学的传统教说与理论承传，许多人实际上还是在信奉着商品货币观，结果仍然不清楚货币的本质是什么，甚至连货币到底是怎么产生的，经济学家也并不是很清楚。而大多数民众，更是相信货币总是政府机构和央行铸造出来和“发”出来的。

这里关键的问题人们还是没有意识到，从古到今，货币的主要存在形式之一，除了金银、铸币、纸币或任何一种商品货币外，还有一种“记账货币”。不但在今天的21世纪如此，甚至在远古的时候也如此。按照人类学家格雷伯的研究，商品货币，如金银、金银铸币等，作为货币的一种存在形式，在历史上的一些时期，“极少在买卖东西时使用”。只是在大额市场贸易和最后清偿债务的必要时，才会用到。

也许我们今天还认为，人们在市场交易中越来越不用现金（包括纸币和铸币），而越来越用银行账户转账的支付和清算形式，这只是到银行和现代金融机构出现后的一种现代和当代社会现象。但是，按照美国人类学家大卫·格雷伯所著的《债：第一个5000年》的研究，“记账货币”并不是现代社会的一种产物，而是像凯恩斯在《货币论》中所说的那样，应该是货币的“原始概念”。

格雷伯的研究发现，在人类最早的农业帝国时代（公元前3500年—公元前800年），远古的人类社会主要使用虚拟信用货币。然后到轴心时代（公元前800年—公元600年）随着铸币的兴起，人们普遍改用金属货币和铸币。再接着，虚拟信用货币在公元600年到1450年回归了。到了15世纪后，随着欧洲人发现了美洲金银矿，大量金银流入欧洲，欧洲各国也随之经历了数百年的金银货币时期，且这一金（银）本位制一直延续到1971年尼克松政府使美元与黄金脱钩，人类社会随之进入了无锚的信用货币时代，尤其是到了20世纪80年代后，世界各国大都进入了无锚的电子数字“记账货币”时代。

格雷伯首先发现，信用货币最早曾在美索不达米亚这一人类所知最早的城市文明中普遍流行过：“在巨大的庙宇与宫殿中，货币很大程度上起到的是记账单位的作用，而不是实际的转手。而且，商人和小贩还发展出了他们自己的信用安排。这些多以泥板为物理形式出现，上面刻有未来偿还的义务，然后用黏土封装起来，上面盖有贷款人的标志。出借人会保留这个包封，作为信物，到偿还时再打开它。至少在一些时候或地方，这些封存的文件发挥了我们今天所说的可转让票据的作用”。

在中世纪的欧洲，与其他地方一样，铸币开始消失，“货币回到了虚拟状态，人们继续根据罗马货币计算成本。之后，到了加罗林时代，人们使用的是想象的货币——这是一套纯粹构想出来的系统，包括镑、先令和便士。这个系统通行欧洲，用于记账，直到17世纪”。

18世纪末至19世纪初，银行得到了普遍发展。货币越来越采取“记账货币”的形式了。乃至到今天，像美国、英国等现代国家，“记账货币”已经占货币存在形式的90%以上。按照我们现在（2016年6月末）149.1万亿元广义货币M2和只有6.28万亿元流通中的现金M0来计算，作为各类银行账户中各类存款的中国的“记账货币”，目前已高达95%以上了。

（作者为复旦大学教授）

产业政策不能与宏观经济政策、制度变革混同

唐世平

时下关于“产业政策”的讨论，大多是各说各话

近来林毅夫和张维迎关于产业政策的辩论引起了广泛关注。但是，在这场辩论中，参与者很多时候其实是在各说各话，并没有真正的对话。这其中最重要的原因之一是三个不同但又紧密相连的大问题经常是被混在一起讨论。这三个不同但又相互联系的大问题是：产业政策、宏观经济政策，以及制度变革。比如，某些产业的产能过剩只是产业问题。因此，去产能只是一个产业政策水平上的问题，不是一个宏观经济政策的问题。而中国目前是需要紧缩政府投资，还是继续通过增加政府投资来拉动经济，这是个宏观经济政策问题。最后，中国的长期经济增长是要更依赖民营经济还是继续“做大做强”国有企业，这是个制度问题。

但是，这三个大问题确实并不是相互独立的，而是有着紧密联系的。

首先，产业政策的成败确实受制于宏观经济政策和制度约束。相比来说，宏观经济政策和制度变革则较少受制于产业政策。

其次，宏观经济政策受制于制度体系。比如，因为中国的特定制度安排，中央政府压缩政府主导投资的实际效果经常会大打折扣。

最后，制度变革肯定是决定中国经济长期增长的最核心基础。

因为对上述三个大问题之间的区别和联系没有明晰的认识，故参与产业政策的多种观点都是各说各话。

比如，对产业政策全盘否定的观点基本上是以制度变革为出发点的。这种观点认为中国经济的主要瓶颈是计划经济思维，而将产业政策等同于计划经济，这等于是混淆了制度变革和产业政策。

还有一种观点主要是以当前的宏观经济政策为切入点来批评某些对产业政策的质疑，但其中关于要坚持资本投入的讨论避开了资本投入是由政府主导还是由民间资本主导（且不说政府是否还有足够的财力继续）这个核心问题。此外，这种观点也完全没有涉及中国经济增长所面临的制度约束。

有的观点则基本只聚焦于产业政策，几乎完全避开宏观经济政策和制度变革。这样的讨论尽管有益，但是却不能解决中国经济面临的诸多深层次问题。

最后，中国的经济学界几乎不讨论制度变革，而多半停留在宏观经济政策层面。如此，中国的经济学界对关乎中国长远未来的根本问题几乎全然没有贡献，因为一个国家的经济永远都不是纯经济学问题，而是政治经济学问题。这一点亚当·斯密就讲得很清楚了，可众多的中国经济学家好像完全忽视了这一点。

澄清对产业政策的一些误读和迷思

比如，某些产业的产能过剩主要是一个产业问题。因此，去产能主要是一个产业政策的问题。如果学界和政策界把“产能过剩”作为一个宏观经济政策问题，则是一种误读。

中国目前的宏观经济政策大致是“新常态”下的“供给侧改革”。这其中包含了宏观经济政策，也包含了一部分制度变革。但是，这一宏观经济政策在理解和执行中，确实有可能犯了将某些产业的产能过剩问题当成了制定中国宏观经济政策的基础的错误。另外，“新常态”下的“供给侧改革”对于中国经济增长潜力的制度约束似乎考虑得不够多，这也有可能影响“供给侧改革”的实际政策效果。

中国的长期经济增长显然受制于其制度体系。而学界和政界完全不考虑制度变革，只是想从技术水平来解决中国经济增长面临的制度瓶颈，这将是本末倒置。换句话说，宏观经济政策不能解决约束中国经济发展的基本制度瓶颈问题，产业政策就更不能了。

因此，释放中国经济增长的“制度红利”肯定是正确的方向，它和制定正确的宏观经济政策和产业政策并不矛盾，关键是具体的制度变革的推进。而恰恰是因为中国的工业化只是初步完成，且中国的工业生产效率离发达国家的水平还有非常大的差距，所以中国的产业政策和制度变革都还有非常大的增长潜力。因为产业政策的制定和实施都是在一定的制度环境和宏观经济政策环境下，中国的制度变革和正确的宏观经济政策对于通过正确的产业政策来促进中国的产业发展也同样还有非常大的潜力。

归根结底，中国中长期经济增长需要正确的宏观经济政策、良好的制度基础，以及慎用但正确的产业政策的共同支撑。无论是学界还是政界，都需要对此有清醒的认识。我们不能厚此薄彼，认为只要靠正确的宏观经济政策或者产业政策而没有制度变革就可以安然无恙，抑或是市场自然就搞定了，甚至认为这三种政策是水火不相容的。这样的认识对于处在关键节点上的中国经济是危险的，甚至是极其有害的。

（作者为复旦大学国际关系与公共事务学院教授）

稳增长离不开社会化改革

刘尚希

宏观经济形势最重要的就是增长问题，增长问题最该关注的是稳增长。那怎么才能实现稳增长呢？按照传统思路，就是财政货币政策。我们的财政货币政策现在也不错，是有效果的，但是现在有人说，货币政策效应正在不断递减，应该发挥财政政策更大的作用，言下之意就是积极的财政政策还要更加积极。我想如果我们稳增长仅仅是在财政政策、货币政策这两大政策之间进行选择，那么稳增长可能只是有短期的效果。怎么才能长期稳增长呢？中国发展到现在这个阶段，特别需要从整体上进行判断。

现在影响经济增长的，或者说影响稳增长的恐怕不仅仅是经济因素，还有社会因素，社会因素对经济增长产生的影响在我们这个阶段越来越大。最近国务院发了一个新的文件，就是基于重点人群，怎么调动他们的积极性，这个文件实际上是一个社会视角。重点人群是什么概念？就是一个社会学的概念。从重点人群这个角度入手，调动社会各个层面的积极性，这个思路跟以往相比发生了很大的变化，已经跳出了稳增长要么依靠货币政策、要么依靠财政政策这个思路。

我们说的户籍制度，背后就是一种社会身份，这种社会身份带来很多排斥性的问题，比如说就业、创业机会不同，同工不同酬，这是社会排斥。社会排斥和社会包容是对立的，在这种情况下，怎么指望实现包容性增长呢？所以，社会问题现在变得更加重要。

社会化改革要从几个方面来推进：一是身份的社会化改革。我们的身份现在不是社会化的，是地域化的，是单位化的，没有变成真正的社会人。城市里有本地人与外地人之分，单位里有体制内人和体制外人之分，社保有居民、职工和农民之分。从这点来看，这项改革至关重要。没有身份的社会化改革，劳动力真正自由流动就很难实现，而且会导致整个经济运行成本上升。这一点很容易理解，企业员工过度流动，如果要不断地招工、培训，它的成本会不会上升呢？假如农民工不能在城里定居下来，处于漂泊状态，他怎么成为技术工人和熟练工人呢？更重要的是，农民工的下一代怎么办？素质如何提高？如何融入城市社会？“农民工”这个称呼是否要一直延续下去？其实，除了户籍身份，还有编制身份、干部身份、工人身份，对社会成员的横向和纵向流动都构成严重的限制，机会不公平，经济也难有活力。

二是组织的社会化改革。过去的改革实现了经济组织市场化，经济组织就是企业，企业成为市场主体，实际上它也是社会主体。从广义上讲，市场化改革也是社会化改革的重要内容，组织的社会化是从企业的市场化起步的，但是一个社会不仅有经济组织，还有很多公益性组织和非经济组织，比如说现在大量的事业单位、科研院所，这些都不是经济组织，但是它们社会化了吗？没有。中央一再强调，要发展人才，要给人才松绑，要调动科研人员的积极性，关键是要给他们所在单位松绑，给属于事业单位的科研院所、学校、医院松绑，去行政化，变成一个具有自我管理能力的自治的社会主体。如果这些社会组织没有活力，经济的活力就缺少源头活水。所以，社会组织一定要进行社会化改革，这里所讲的社会组织，还包括行业自律性组织、群众自助性组织、社会公益性组织、学术团体等。我觉得这是我们当前改革的一个短板，应该加快推进。通过组织的社会化改革，实现社会的重构和再组织，避免社会的碎片化，加快社会转型，提升社会转型与经济转型的匹配性，提高社会的自我管理能力，防范化解治理失灵的风险。

三是管理的社会化改革。这个管理并不是企业管理或单位管理，而是整个社会的自我管理。比如说，每个人作为社会人，要有自我管理和自我约束的能力。讲诚信，这就是个人的自我管理，如果社会大多数人连这点都做不到，那说明这个社会出了大问题。而这种自我管理的能力对经济运行的成本来说是至关重要的。在一个不讲诚信的社会，交易成本会居高不下，拖曳经济增长。企业之间相互拖欠造成的三角债，一个重要原因是不讲诚信。有钱不还账，并非个别现象。站在经济人的角度，欠账不还等于融资，还可以节省财务费用；而从社会人角度看，欠账不还则是赖账，是不讲诚信的表现。如果社会都着眼于眼前，都是经济人，而不是社会人，那整个社会的行为就会紊乱，会使整个经济运行的环境变差，经济运行的成本变高，甚至产生逆向淘汰，效率就会下降。当前降成本都是从微观、财务会计的角度来分析和采取措施，其实从整体、从宏观来看，社会化改革才能真正降低国民经济运行的成本。成本降低了，大家创新创业的积极性上来了，经济也就有活力了，稳增长自然就能实现了。

（作者为中国财政科学研究院院长）

去产能会降低增长速度吗

刘世锦

当前，有一种观点，认为去产能会降低增长速度，我以为这种看法不符合实际，而且似是而非。

大量的过剩产能压得价格起不来，有的价格稍微涨一点，生产就开始增长了。所以现在PPI已经是40多个月负增长了。煤炭、钢铁行业是负20%以上。相应的是大面积企业亏损，钢铁行业，沙钢、宝钢都在亏损。有一些地方拖下去会出大问题。只有实质性的去产能，物理意义上的去产能，真正把工厂关掉，才会使PPI和利润逐步回升。从经济学意义上看，去产能影响的是价格和利润，它不会影响增长速度，而是减亏损提效益。

严重过剩产能的出现，有结构性问题，有体制问题，最难办的还是体制问题。现在我们讲的去产能主要是重化工业，实际上最近几年，经历重大调整的还有出口行业，出口行业过去增长基本上是百分之二三十，去年是负增长，回调力度很大。现在是静悄悄地调整，企业经营困难，关闭，有的转到越南，有的经营不下去干脆跑路。

必须用改革的思路和办法，不能用救助照顾的办法去产能。重点是解决好人的问题，债的问题，资产重组问题，特别是股权结构。目前需要警惕的是，把一些体制问题并没有解决或者问题相当严重的、产能过剩大的国有企业，用拉郎配的办法捏在一起搞重组，这个办法不能解决已有的问题，而且会引发更多的问题。

我有一个建议，在产能严重过剩的行业，把国有资本划归地方社保资金，重点解决去产能过程中的人的安置和再就业问题。有些国企的国有资本也可以划拨地方，因为这些企业的职工，大部分都是在地方的，人是在地方的，这样的办法有利于央企和地方政府之间的协调合作。

此外，去产能不能只喊口号下指标，要有切实管用的机制。去产能实际效果怎么样，从大的方面看，是不是有好的机制，顶层机制上要有创新，不能用过去计划经济色彩浓厚的办法，同时给地方更大的创新空间。我想提一个与碳排放权交易相似的思路和办法，简单来说，确定总量，分配配额，允许交易，奖励挂钩。具体来说，就是国家提出某个行业去产能总量的指标，按现有产能分配到各个省，奖励措施与实际减去的产能挂钩，同时准许配额交易，这样竞争力强的地区和企业可以把自己的配额卖给竞争力差的地区和企业，竞争力强的地区和企业可以不减或少减，竞争力差的地区和企业可以多减，但其可以得到配额交易的补偿。

这个办法有三个好处，第一有利于完成去产能的总量目标，第二符合优胜劣汰的市场规律，第三竞争力差的地区和企业能够获得补偿，提高去产能的积极性。

现在唐山有的地方已经这样做了，已有一定的实践基础。我们应该鼓励这个积极性。

（作者为国务院发展研究中心原副主任）

符号化消费：网络社会的感性化趋势

刘少杰

法国社会学家鲍德里亚把目光聚集于当代人的消费行为，从中发现了一个普遍性的变化，即从使用价值的消费转向了符号价值的消费，这一转变颠覆了传统经济学的核心观点——人们的消费行为乃至全部经济行为都是以计算为标志的理性选择。

物品的使用价值是消费者可以从中获得某种功用的价值，而符号价值则是消费者可以凭借其区别于他人而表现自身特殊性的价值。鲍德里亚认为，人们对物品的符号价值的追求，植根于人的社会本性——寻求与众不同甚至高于他人的社会地位，或者说，是地位意识支配着人们去追求或消费符号价值。

地位显示了差别和等级，追求地位标志的符号价值消费并不是对物品使用价值高低优劣的偏好，而是通过物品的形象来彰显差异、实现区别。因此，鲍德里亚把追求符号价值的消费行为称为“形象消费”，并且，符号价值消费不遵循传统经济学的理性选择原则，它遵守的是差异化的社会逻辑。支持传统经济学庞大体系的理性选择，是匮乏经济条件下人们追求物品使用价值的逻辑，是通过计算实现效益最大化目标的理性逻辑。而在丰盛条件下追求符号价值的逻辑，是通过形象显示而实现地位区别的差异化逻辑，是一种无法计算的感性化社会逻辑。

因为消费行为是最基本的经济社会行为之一，当消费行为发生了追求目标的变化，即从单纯追求使用价值转向主要追求符号价值或追求符号价值包装中的使用价值时，其他领域的社会行为也必然会发生相似的变化。

地位在联系中凸显，差别在比较中显现。网络社会空前增强了人们之间的普遍联系，无论通过何种形式，一旦接触了互联网或者开展网络交往行为，就会被带入不断扩展又无限丰富的网络联系之中。正是在广泛的普遍联系之中，人们才能逐渐明确自己的环境、位置、层次和地位，并且在联系中发生比较、认识差别，进而利用符号表现自身，以便使自己在这个瞬息万变的网络社会中“不被湮没”。因此，尽管对符号价值的感性追求建立在物质丰盛的基础之上，但其大规模扩展或普遍化发展，则应归功于社会生活网络化的推波助澜。

（作者为中国人民大学社会学系教授）

壮大做优提升实体经济

李　伟

一年来，供给侧结构性改革取得了初步成效。成绩固然可喜，但也要清醒地认识到，供给侧结构性改革目标还远未完成。从更长时期和深层次来看，经济增长的新动力尚未形成。当前，中国经济突出的结构性矛盾之一，就是虚拟经济与实体经济的脱节：金融领域和房地产领域出现了资产泡沫现象，非实体经济聚集了过多的发展资源，严重削弱了增长新动力赖以形成的基础。

要把壮大、做优、提升实体经济作为推进供给侧结构性改革的主要目标

供给侧结构性改革的根本目的，就在于通过改革完善体制机制，促进形成新的增长动力，实现经济结构的优化调整，培育新的增长动力，关键是要把壮大、做优、提升实体经济作为推进供给侧结构性改革的主要目标。实体经济是发展的动力源泉和坚实基础。一方面，一些新的经济增长点往往诞生于实体经济领域；另一方面，如果没有实体经济的充分发展，虚拟经济也将难以健康发展，甚至会出现因为虚拟经济的过度膨胀而危害整个发展的情形。这次国际金融危机之后，发达国家纷纷推行“再工业化”和“再制造业化”战略，就是对虚拟经济脱离实

体经济而过度发展进行深刻反思后，做出的理性选择。

发展实体经济，一要继续扩大制造业总规模，壮大实体经济；二要加快提升制造业产品质量，做优实体经济；三要适应新技术革命蓄势待发的大趋势，提升实体经济。

壮大、做优、提升实体经济需要全方位创新，关键是要构建良好的创新生态环境

壮大、做优、提升实体经济需要全方位创新，特别是要把科技创新置于核心位置。创新是巨大的系统工程，既需要发挥市场的作用，也需要发挥政府的作用；既需要发挥企业的作用，也需要发挥科研机构和广大公众的作用。推动创新，关键是要构建良好的创新生态环境。

第一，要建立规范公平的竞争环境，增强企业创新的外在压力和内在动力。创新需要发挥各方面的主观能动性，也需要高密度的资金和人力资本投入。只有在公平公正规范的市场竞争环境下，各创新主体才有创新的强烈意愿，才有持续推动创新的动力和能力。具体来说，就是要建立有力的市场监管制度，建立有效的知识产权保护制度，打破不合理的垄断格局。

第二，要改革创新体制，提高原始创新能力。作为技术赶超型国家，长期以来，我国通过引进、吸收、模仿和利用先进国家的技术，减少了自主创新阶段的高额成本和市场风险，加快了技术进步的步伐。这在发展的较低阶段具有一定的合理性，但随着发展阶段的提升，我们很难再沿用这种方式。改革创新体制，提高原始创新能力，必须优化国家创新体系，进行教育体制、科研体制等领域的改革。特别是要创造适宜条件，让科技创新的举国体制优势在市场经济条件下充分发挥出来。

第三，完善财税和政绩考核制度，使得各级政府把促进创新作为推动发展的根本动力。现行的财政体制和政绩考核制度助推了我国过去几十年的高速增长，但也使得地方政府过于注重短期发展绩效，而轻视打基础利长远的工作；过于注重经济增长速度，而轻视经济结构优化；过于注重项目投资拉动，而轻视科技创

新驱动，制约了增长新动力的快速成长。未来，要按照十八届三中全会的精神和中央深化改革领导小组的部署，加快完善财政体制和政绩考核制度，使各级地方政府把推动创新放到重要议程上，因地制宜地建设具有活力的区域创新体系，汇集创新资源，凝聚创新智慧，让创新成为推动经济发展的根本动力。

第四，建立鼓励创造性劳动的制度，使进行创造性工作的劳动者能够获得与其付出相匹配的收入。创新体系中最核心的要素是那些从事创造性工作的劳动者。无论是进行科技基础研究的科研人员，还是连接市场需求和实验室设计的工程师；无论是改进管理效率的经理人员，还是在生产一线的技术工人，都是创新体系运转不可或缺的人力资本要素，都是创造性劳动的付出者。他们本应得到较高的收入，但在现有的社会财富分配中，他们所获得的收入与其对经济发展和社会进步的贡献很不匹配。面对不断上涨的物价、房价，以及不断加大的养老、育儿等压力，进行创造性工作的劳动者，尤其是中青年劳动者难以安心地从事创新工作。有鉴于此，必须大幅度提高创造性劳动者的收入水平。

培育增长新动力，既需要从供给侧发力，也要在需求侧为实体经济成长创造市场机会

供给侧和需求侧是相互联系、相互影响的，两者共同发力，推动经济持续发展。培育增长新动力，既需要从供给侧发力，也要在需求侧为实体经济成长创造市场机会。企业的创新能力和市场竞争力是在生产经营过程中积累起来的。如果企业产品销售不畅，长期处于产能过剩的状态，企业的效率改进、技术创新、人力资本积累、生产设备升级、管理优化等都会受到严重影响。一些新的技术、新的产品、新的产业，如果没有相应的市场需求，可能会被扼杀在摇篮中。因此，创造和维持稳定的市场需求，不仅有利于宏观经济尽快走出短期低迷状态，而且有利于推动实体经济特别是一些重大战略性产业的成长、发展和转型。

当前为实体经济发展开辟市场需求，至少可从以下三方面发力。

一要提高劳动报酬在国民收入分配中的占比，增大国内消费升级对产业升级的拉动作用。进入“十二五”时期以来，我国劳动报酬在国民收入分配中的占比

一改多年来下降的态势，逐年上升，到2014年达到了46.5%的水平，但与国际一般水平相比依然比较低。与之相伴随的，是社会各阶层的收入和财富差距仍处于扩大的趋势。在日益高企的生活成本面前，中低收入者无力消费，也不敢消费，更谈不上进行消费升级。要改变这种状况，必须加快改革收入分配制度，完善收入分配格局，为居民消费增长和产业升级奠定坚实的收入基础。

二要加快中西部地区的工业化和城镇化步伐，增强中西部地区对国内产品的吸纳能力。从区域发展格局来看，改革开放以来，我国中西部地区长期扮演着劳动力和资源能源等生产要素输出地的角色，工业化和城镇化发展明显滞后于东部沿海地区。2015年，我国东部沿海地区城镇化率已普遍超过60%，有的省份接近70%，而大多数中西部省份的城镇化率还不足50%。加快中西部地区的工业化、城镇化步伐，不仅会为资本产品，也会为消费产品创造巨大的市场需求。

三要积极探索经济全球化背景下为战略性新兴产业的发育和成长创造市场机会的途径和方法。战略性新兴产业的发育和成长是实体经济实现新的发展的有力支撑，而这些产业的发育和成长特别需要创造市场机会。面对发达国家在这些领域的强大优势，我们必须借鉴国际经验，为这类产业培育市场需求、拓宽发展空间。

（作者为国务院发展研究中心主任、研究员）

稳健的中速增长离不开制造业竞争力

刘世锦

制造业是一个国家发展的基础，尽管现在我国的服务业已经成了一个最大的产业，在规模上超过了制造业，但是整个国民经济的基础特别是竞争力的基础仍然是制造业。目前，制造业面临的国际国内形势都发生了很大变化，这里我主要从三个方面谈一谈新常态下如何促进中国制造业的发展。

经济触底，这三只“靴子”要落地

我国经济经过了30多年的高速发展，过去几年处在下行态势。对这样一个变化究竟该怎么看？我认为，分析思路和方法很重要。概括地说，当前国内外对于这个问题大体上有三种分析角度和观点。第一种认为是周期性的波动。所谓周期性的波动，就是高一阵，低一阵，但总体上还会回归。但是这一轮调整已经几年了，且增速已经低于7%，显然用传统的周期理论难以解释。第二种认为中国还是一个发展中国家，与美国等发达国家差距还比较大，中国还有高速增长的潜力，比如7%、8%的增长速度还能持续二三十年。然而回到现实，继续保持高速增长显然已经不可能了。第三种是我本人一直主张的观点，就是增长阶段的转换，由10%左右的高速增长转向中速增长。这样一个分析角度，无论在国际经验、经济理论分析还是现实经济走势方面，都得到了一定的验证或支持。

过去几年，我国经济的回落是由过去10%左右的高速增长向中速增长平台转换的过程。下行压力之所以持续存在，是因为这个转换过程尚未完成。目前，我们认为已经相当地接近底部了。从需求侧看，以往支撑高增长的主要是高投资，而支撑高投资的是基础设施、房地产和出口三大需求。通俗地说，高投资要触底，基础设施、房地产和出口这三只“靴子”要落地。目前，出口、基础设施已经触底了。房地产投资从全国来说在2014年就已经出现了历史需求峰值，将会逐步转入低速增长。自今年以来，我国一线城市房价高涨带动的房地产投资回升只是一种短期现象，并不能改变全国性房地产投资放缓的态势。房地产投资触底后，三只“靴子”也就基本落地了。在需求侧减速的同时，供给侧也在调整，但速度相对较慢，于是出现了严重的产能过剩，导致了工业品出厂价格连续五十多个月的负增长，工业企业利润增长速度也出现了超过一年的负增长。一个时期以来，去产能取得了一定进展，工业品出厂价格增长由负转正，工业企业利润也恢复增长，大宗商品价格也从低谷中走了出来。这些信号都显示供给侧的底部正在形成。

当然，接近底部与实现触底还不是一回事。如果宏观政策得当，供给侧改革积极推进，我国经济将有很大可能在一两年内平稳触底，并进入中速增长平台。在这一平台上要实现有质量、有效益、可持续的增长，制造业转型升级尤为重要。

制造业转型升级是被逼出来的

我国经济下行引发的一个重要现象是分化，有地区分化、行业分化，更有企业分化。在过去高速增长期，一个行业有十个企业，不论好与不好，几乎都能赚到钱，而现在只有部分企业，也可能是两三个企业能够稳定盈利，差距拉开了。相当多的企业日子不大好过，优胜劣汰、行业集中度提高的过程已经开始。

企业分化传递了丰富信息。经济减速必然加剧竞争，竞争导致分化，而分化则意味着转型升级。我们现在经常讲产业转型升级、创新等，它们不是开几次会、下几个文件就能实现的，是逼出来的。在过去经济高速增长期，数量扩张的空间大，日子好过，没有多少企业愿意主动去搞转型升级。现在，用过去的办法搞不下去了，不转不行了，才会有这个主动性、积极性。这也是发展方式转变讲了很多年而难以落到实处的原因所在。换言之，发展方式转变是发展环境变化的产物。不到特定的发展阶段，没有足够的竞争压力，是转不过来的。从这个意义上说，经济减速不完全是消极的，可以包含非常积极的内容，也就是说，经济速度下一个台阶，增长质量和发展方式上一个台阶。

这些变化也带来了不少挑战，比如下岗职工的安置和转岗就业，坏账处置和低效资产重新配置等。对人是要保护的，但不能保护没有竞争力的体制机制。要完善社会保障制度，增强劳动力市场的流动性，拓展就业机会，通过培训等方式提升劳动者的再就业能力。推动必要的企业破产和重组，降低过高的杠杆率，释放和分散多种金融风险，避免以行政性办法搞拉郎配，以有竞争力的企业为龙头推进兼并重组。

重视做减法：干自己最擅长的事

企业应该是有所为、有所不为，选择至关重要。在高速增长的时候，企业一般的策略是扩张，为什么？因为机会太多了。但是现在，企业必须要做减法了，首先要搞清楚什么事情不能干，这是最能体现智慧的地方。要把精力和资源集中到自己最擅长的事情上，才能提高专业化水平，从整个社会来看，也才能实现产业的转型升级。

在这个过程中有一点值得注意，就是不要以为只有搞新的行业、产品才有出路。产业新旧与有无竞争力是两回事。发达国家有竞争力的农业、制造业、服务业，大部分还是传统产业。处在创新前沿的那些新东西，在产业体系中的份额还较小。所谓的转型升级，大部分还是要在传统产业中做文章，提高技术、管理水平，提升自身在价值链上的位置。当然，新元素还是要有的，传统产业只有加上新体制机制、新技术、新商业模式，其中蕴含的巨大潜能才能释放出来，成为经济增长的新动能。这正是当前全面深化改革、加快创新需要解决的一个关键问题。

在当今经济全球化条件下，中国不可能也没有必要在所有行业都具有竞争优势，但是必须在相当多的行业中具有竞争优势。今后二三十年，中国将会成长起一批具有长期稳定国际竞争力的行业和企业。但是，到底是哪些行业和企业，我们并不能事先知道，更不能人为地指定，只能由市场竞争给出答案。在这个过程中，形成并维护一个公平的、能够激发人们创造性的竞争环境，比以往任何时候都更加重要和紧迫。

（作者为中国发展研究基金会副理事长、
国务院发展研究中心原副主任）

用友好型税制激励社会创新

刘尚希

政府创新的一个核心内容是财税制度

放眼全球200多个国家和地区，真正变成了发达国家的只是少数。世界上很多国家在低水平徘徊，还有一些国家发展到一定的程度以后陷入中等收入陷阱。这就是说，发展不是自然而然发生的，是有条件的。那么，中国发展到新阶段，要实现可持续发展，有一个重要条件，那就是创新。创新驱动发展战略作为国家的战略已经非常明确，怎么能够让创新驱动发展战略真正落地，这需要各个方面的制度创新。其中一个重要方面，涉及政府的创新，而政府创新其中一个重要的内容涉及财税制度。财税制度怎么推动制度创新，这是一个非常重要的问题。

聚焦到税收上来，怎么构建创新友好型的税收制度，其逻辑主线是创新驱动发展战略。实现这个国家战略，税收制度怎么完善，并促进创新，首先要搞清楚税收制度的内涵。我认为税收制度包括税收收入制度和税收征管制度。我们在讨论税收问题的时候，通常谈的是税收收入制度，也就是常说的税制，对税收征管制度基本上没有考虑。这也导致在讨论税收制度的时候，可能过于理想化。我们是在谈理想化的税制，不考虑我们的征管能力、征管水平是不是能够与之匹配，这样谈税改就会陷于空谈。其实，税收征管制度也是税收制度的重要组成部分。

放在全面深化改革的背景下来看，创新不是一个个的孤立事件，创新是一个整体，是一种共同的行动，需要政府、市场、社会的互动，不是只靠几项政策、靠某个群体就可以实现的。如果没有一种整体的创新氛围，创新是出不来的。

怎么构建创新友好型的税收制度激励社会创新

在这里主要从四个方面谈一下怎么构建创新友好型的税收制度，激励社会创新。

一是分配激励，保持合理的宏观税负水平。这个问题社会上很关注，讨论也非常多。宏观税负的高与低，与宏观税负的轻与重是两个不同的问题，我们在讨论这个问题的时候，往往混为一谈。宏观税负的高与低是统计学的概念，把各个国家的统计排队比较，其结果就出来了，一目了然。而宏观税负的轻与重不是统计学的问题，而是社会学问题，涉及价值判断，涉及缴税值与不值的问题。觉得值就不会觉得重，如果觉得不值，哪怕交一块钱都觉得重。所以，税负的轻与重和税负的高与低是不同的概念。我们在讨论这个问题的时候，最好能够分开。

宏观税负的稳与变，也是税收的一个重要方面，对创新行为有重要影响。如果宏观税负在引导预期上不断地发生变化，可能导致大家的创新行为很难稳定，或者会导致创新行为短期化。短期化是不可能有真正创新的，只可能是形式化的东西。创新的税收环境应当稳定，这样才能真正引导预期，激励创新。当前，政府特别强调稳定预期，那么，在税收政策上就不要经常不断地释放出不同的信号。如果说要调整，大家就会等待，等待新的政策落地。可预期的税收环境是稳定创新的一个重要条件。

从整体来看，宏观税负如果太高的话，自然就会影响创新。怎么保持适度，在不同的国家是不一样的，很难一概而论。这就涉及我们从统计学来看还是从社会学的角度来分析，得出的结论是不一样的。一些发达国家的税负水平较高，同时，其创新也很活跃，创新能力也较强。有的国家税负很低，其创新也不行。从稳定创新行为来看，保持税负的稳定，我觉得比税负高与低的讨论更加重要。税收法定原则的落实，是当前形成分配激励必不可少的一个宏观条件。

二是市场激励，构建促进公平竞争的税收制度。税负的高与低、轻与重是宏观层面的问题，对各个市场主体来讲，更重要的是，怎么形成一种公平的税收环境。在接触一些企业家时发现，他们最关心的不是给予税收优惠，而是公平的税收环境。只有公平竞争，才能真正激励创新。但我们当下的思维却是如何给予各种五花八门的优惠和补贴，落入了一个认识误区而不能自拔，各级政府都在忙于这样做，学界也在忙于做这样的论证，导致公平竞争环境的恶化。公平的税收环境需要两个方面，一是税制，二是税收的征管。这两个方面都与税收的公平密切相关。我认为这两者不可或缺。

三是行为激励，进行基于创新行为的税收制度改革。重点是减少特惠性的税收激励，形成一种普惠性的制度并嵌入到税收制度之中。只要有创新的行为，就都应当享受到税收优惠。只有这样，税收制度的创新激励才能真正形成，而且作用于整体而不是作用于个体或者部分。现在很多地方实行选择性的优惠，在信息不对称的情况下很容易出错，所以，税收制度要激励创新，应当基于整体考虑，而不是筛选出一些已经有创新成果的企业来扶持。要激励潜在的创新者，通过筛选是无法做到的。只要有创新行为，很自然地就在税收制度上享受到优惠。这样的话，就可以形成整体的创新氛围。我认为这是方法的转换，是从过去的有期限的不断调整的优惠政策转换成稳定的制度安排，这可能会激励更多的潜在创新。

四是社会激励，形成有利于人力资本积累的税收制度。创新是整体的行为，或者说是由一个个具体的行为关联而成的。如果不从全社会考虑，政策仅仅作用于某一些机构、某一些企业来激励创新，这种创新就不可持续，短期内可能会搞出一些东西，但是长期来看效果不会明显。所以，要形成一种社会环境，形成激励人力资本积累的税收制度。因为创新是以人力资本为基础的，没有越来越多的高级人力资本，创新是很难出来的。像企业的创新，没有熟练的技工怎么能够创新呢？良好的设计，也要通过素质良好的工人去实现。只有全社会成员的素质能力提高，劳动技能提高，人力资本才能得到更多的积累，而且这种积累是公平的积累，这样才能够形成创新的社会激励。

从上述四个方面来看，税收制度的构建需要大的转换，当前的税收激励基于政策性优惠，临时性、被动性、特惠性的税收激励政策多，而法定性、开放性、普惠性和主动性的制度激励少，其效果有限。税制改革要有新的理念，要少搞短期性、不定式的优惠政策，以税收法定和创新宏观环境优化为出发点，以税收收入制度和税收征管制度的相互适应和协调为着眼点，将创新理念真正融入到现代税收制度建设中去。

（作者为中国财政科学研究院院长）

开放与放开

钱颖一

中国改革开放后的经济发展成就举世瞩目。1981年，中国的GDP是美国的6%。2015年，也就是34年之后，中国的GDP已经是美国的60%。与世界第一大经济体美国相比，从6%到60%，对世界经济来说是一个巨大的变化。是什么原因导致的？经济学家有很多种说法，都有一定道理。但是我提出的问题是：究竟哪些因素是改革开放前后最大的不同？在我看来，从经济学原理看，有两类原因：一类叫作开放，一类叫作放开。

开放：积极入关、入世

中国是世界上最早拥抱经济全球化的发展中国家。在20世纪八九十年代，我们就非常积极地推动国际化、经济全球化，表现在要积极入关、入世。那时候是发达国家积极推动全球化，而发展中国家普遍比较抵制全球化，而中国是唯一的例外，原因是之前中国深受封闭之害。

开放的含义非常之广，绝对不是简单的贸易。资本的流动、技术的流动、想法的流动，都是开放的结果。

首先，开放改变了激励。中国开放后首先发现的是周边的日本和亚洲四小龙，与我们有类似的文化，类似的历史，但发展得这么快。这样的潜在竞争压力，改变了对所有人的激励。

其次，开放改变了市场的边界。初期的来料加工，后来的加入世贸组织，都扩大了市场的边界。

再次，开放改变了生产方式。这一点对中国特别重要，因为我们有两个特点，是其他发展中国家不完全具备的。一是我们的赚钱动机特别强，二是我们的学习能力特别强。什么东西别让我们看见，一旦看见，我们一定能做得比别人都要快，还要便宜，还要好。所以，我们从开放中受益的程度最大，也就不奇怪了。

激励的作用、市场边界的扩大以及生产方式的改变，都是开放带来的。我们还谈不到直接的创新，先把别人的创新拿过来用，同样有巨大作用。

放开：把激励搞对

放开是指国内改革，有两个基本要素：第一是把激励搞对，第二是让市场起作用。这也是与改革前相比的最大不同。

把激励搞对，最典型的例子就是农村改革。从经济学角度看，这是一个最清晰、最简单的社会实验。在几年的时间内，同样的土地，同样的人，粮食产量大增。这里面有两个激励：一个是价格激励。大家可能不知道，当时国家把农产品价格提高了，现在容易忽视这个原因，但是不要忽视价格激励。第二是制度激励。家庭联产承包制，即“交够国家的，留足集体的，剩下全是自己的”，这就是经济学家所说的作为“剩余索取者”带来的激励。另一个激励的例子是区域间竞争带来的激励。虽然有争议，但是仍然有不少经济学家认为，这是中国非常重要的特色。这在小国是不可能发生的，因为小国只有国际竞争。只有在大国里面才有众多地区，有地区之间的竞争。在中国，区域间竞争突出体现在地方政府之间的竞争，这种竞争就产生了发展地区经济的激励。

但是并不是说改革中所有的激励都搞对了，或者一次就搞对了。比如，农村家庭联产承包制成功之后，曾经出现过把承包制引入城里，引入国有企业。后来发现企业承包不像农村家庭承包那么简单，出现了“包盈不包亏”的现象，带来了企业管理者行为的扭曲。这时候就提出了产权、股权激励、公司治理等问题，直到今天也都没有完全解决。同样，地区间竞争也带来地方保护主义等扭曲。所以，把激励搞对不是一件容易的事。

放开：让市场起作用

我记得我上大学的时候，讨论短缺的原因，答案是生产太少了。学习了经济学原理之后，我们就知道短缺的第一原因是价格控制。当你放开价格之后，短缺就消失了。反过来，当价格被限制上涨的时候，就一定会出现短缺。所以让市场起作用，我们既要看到市场起作用时带来的好处，同时也要看到市场扭曲时会带来一系列问题。

市场分为产品市场、劳动力市场和资本市场。总的来说，我国的产品市场和劳动力市场的放开先于资本市场。在资本市场，过去几年的重大进展是利率市场化，它消除了一个重大的价格扭曲。但是，资本市场的放开不仅是利率的市场化，还取决于一系列监管制度。在这方面，发挥市场在资本配置方面的作用还有很长的路要走。

由此我们看到，可以用简单的经济学原理来解释非常复杂的经济现象。当然，这还不能解释全部细节，但是确实能够解释相当多的部分，特别是核心部分。

（作者为清华大学经济管理学院院长）

一场人力资本革命正在悄悄进行

厉以宁

中国土地确权与流转制度变革带来了“城归”群体

从上世纪70年代末开始实行承包制后，到十八大之前，中国已经意识到农民工供不应求的问题。究其原因，因为经济在变化，有质量的出工劳动力供给越来越少，而需求却越来越大，于是，如何将技工留在本地的问题便浮现出来。

十八大后，中国农村的发展出现巨大的变化，主要体现在土地确权和土地的流转这个关键问题上。我们到杭嘉湖一带考察，在嘉兴市发现当地土地确权开始验收了。我们到县级市平湖的几个村镇，发现路边堆满炮仗，祝贺土地确权成功。土地确权的验收使得土地流转随之动起来，城乡收入差距大幅度下降。嘉兴市向全国政协汇报的材料表明，土地确权以前，城市人均收入和农村人均收入之比为3.1：1，土地确权验收后，城乡人均收入之比变成1.9：1。比值缩小的原因主要有三个：第一，土地确权的影响。土地确权以后，农民就开始考虑了：得好好种田了，因为这个土地是我的财产，我一定不要辜负这块土地。家庭农场就发展起来。第二，土地流转机制的作用。农民若出去打工、做生意，同样可以将土地转租给别人，土地总有人租的，在浙江考察，是安徽人来种田，在苏南考察，是苏北人来种田。第三，宅基地确权的影响。农民人均收入的提高是因为宅基地确权了。我们在嘉兴平湖市看到的各村镇，全是四层楼的房子，房主解释道："这么大房子，我一层租给外地来做生意的人开店用，二层给他们住，我们家住三层、四层就够了。"这就是房租收入大幅度增加的原因。中国农村新的时代从这里就开始了，农村的变化，不仅缘于承包制，也必须考虑土地确权的影响，必须在土地确权基础上实现土地流转，规模经济才能实现。"城归"这个名词便由此出现。

什么叫"城归"？城归类似于"海归"，是指从农村出去打工的农民，经过一定时间的工作，积累了经验、人脉、储蓄，更重要的是有了技术。农村需要人，便回来了。通过我们考察的几个地方可看出，这种现象是非常普遍的。

第一个考察的是陕西汉中地区的西乡县。因为汉江的南水北调和丹江口水库的建设，沿汉江两岸的各县规定，农田不准撒化肥、农药。因此，西乡县转而开始种茶树。当地的富硒茶远近驰名。种树遍及西乡县后，由于缺乏劳动力，急需让外出打工者回乡。外出打工者常年奔波在外，心系家庭，一听说家里需要劳动力，便都回家了。于是，西乡县便发展起以生产富硒茶为主的茶树种植业。种茶树引起的劳动力结构的变化，便是"城归"的表现。

第二个例子是在贵州毕节考察时看到的。在贵州毕节，很多打工的都回来了。回乡可以用在外学到的手艺谋生。我以前去过毕节考察好多次，没有发现毕节人吃蛋糕、面包的。这次去，街上很多地方都有面包房。不但做面包，还做蛋糕，这带动了社会风气的转变，小孩、老人过生日，家里有什么事都要订蛋糕，这些面包房就是"城归"开办的。还有在毕节看到的一个景区，叫百里杜鹃，旅游的人多，汽车也多，经营餐饮业、汽车修理的小店铺都是外出打工者返乡经营的。劳动者的观念都变了。中国"城归"是个新的群体。据我们最近的调查，"城归"人数大约已经占到四千万外出民工的四分之一，并且还在变化。

中国正在无声无息地进行城乡户口一元化，旧的人口红利没有了，新的人口红利正在产生

土地的确权、流转，"城归"的出现，给农村带来了变化。在城乡二元体制改革以后，"农民"不是一种身份，而是一种职业。过去城乡二元体制把人管住

了，有农民户口的就是“农民”，“农民”就是身份，现在这种限制消失了。中国正在无声无息地进行城乡户口一元化，而且进行得非常快。举个例子，去年，我参加一次教育发展规划学术研讨会，苏州市教育局局长说，苏州市农民工的留城采用了积分制，这就是大变化。什么是积分制？就是通过计算年龄、学历、工龄、是否得过表彰等计算出分值，如果分值达到标准便可全家落户。这样人心便稳住了。

农民进城还有一个办法，就是分区推进。分区推进建立在新农村的基础上，加强公共服务业，在此之上，再让社会保障逐步和城镇取得一致，逐区推进。有不少人在农村中自己学习。农村现在最时髦的一点，就是进学习班。学习班是为农场主培养第二代的。随着第二代的逐渐长大，如果没有农业技术基础，他们怎能接班？另外，进城也会使得人脉增多、创意增多。外国人说中国的人口红利已经没有了，这个看法是不对的，旧的人口红利没有了，新的人口红利正在产生。如果去农村看一看，这是一种无形的变化，这个变化对中国的影响是很大的。

中国人力资本革命正在悄然进行，实际上为中国下一步创新做准备

将来还会不会有“农民工”？我认为，“农民工”作为一个历史的名词以后会消失。因为“农民工”是两种户口制度之下才有的，是两种户口制度的表现，即一个人的职业是工人，但身份却是农民。而随着城乡户口一体化，这种现象消失了。我们很难预料若干年后的中国经济怎么样，但有几点是可以肯定的：消费观念会变，投资的模式会变，就业的形势会变。一切都在变化。甚至几十年后，企业家也未必叫企业家了。更重要的是会出现某一个领域的领路人。在领路人的引领下，大家都往这个方向前进。今后，在新的领域内又会出现新的领路人。所以，对中国社会的变化应有充分的了解。

创新是重要的，人力资本的革命，实际上为中国下一步创新做准备。对创新的概念也应该有新的认识。创新是100年前美国经济学家熊彼特提出来的概念。现在的创新和熊彼特提的创新概念不一样了。熊彼特的创新是指生产要素的重

组，但现在的创新首先是信息的重新组合，重点是信息。在熊彼特看来，创新活动的组织者，必须借助银行的融资才能有创新。但现在重在创意，有创意被投资者看中了，投资人会自然而来。

俗语曾言，失败是成功之母，这句话有一定道理。但现在人们已经了解到，成功的关键在思路的改变。“改变思路”就成功了。有了小成功，就有了大成功。所以成功是成功之母。很多观念都在发生变化。这表明我们能够赶上这个时代，大量年轻人赶上了这个时代。这也表明一场悄悄的人力资本革命正在中国形成。不少外国人还不了解中国，他们不知道中国人力资本革命所带来的成果，也许时间越久才看得越清楚。

（作者为北京大学光华管理学院名誉院长）

良好制度是财富分享的基础

党国英

财富的源泉首先是人。依照经济学的理论，土地、资本和劳动力，是参与财富生产的三大要素。一般说来，土地的数量是一个常数，不可能“涌流”。我们有可能通过对国土的整治，增大某一种土地的供应数量，但从长期看，土地资源是十分有限的。资本供应受制于国民储蓄倾向，其增长也不是无限制的。劳动力作为财富的源泉之一，其数量不可能也不应该“涌流”；需要“涌流”和可能“涌流”的是人的创造才能。

在人类历史的近两三百万年里，生产的增长大大地超过了资本的增长和劳动力数量的增长，由此可见，生产增长的贡献源泉来自人的生产率的提高；而生产率的提高直接来自人的生产技术的进步、经济结构的改善和社会制度的进步。这三方面的积极变化，归根结底要靠人的创造才能的充分发挥。

制度改良是一切积极变化的因素中最根本的因素。由人所创造的良好的社会制度，是财富源泉保持旺盛喷涌力的重要条件。对经济史的研究证明，技术进步是制度变革的函数。托勒密时代的埃及已认识到蒸汽的力量，但仅仅以此为玩乐。古罗马掌握的工艺技术被掩埋了几百年，到12世纪和13世纪才复活。中国大约在14世纪发现了焦炭炼钢，但这场潜在的革命却没有了下文。由于那些时代没有相应的制度支持，使这些技术不能被进一步开发和应用。私有财产的保护、专利制度的实施、法人制度的应用、复式簿记的推广，都大大推动了新技术的发明速度和应用速度，促进了近代工业文明的迅速成长。

经济结构的改善与制度变迁同样密不可分。人的教育水平的提高、劳动力由乡村转向城市、妇女地位的提高、企业规模的扩大等，是经济结构积极变化的主要标志，同时也是现代生产力巨大增长的直接推动因素。这些方面的变化都直接得益于国家财政制度的改善、劳动力市场的自由化以及国家信用制度的改进。

良好的制度还可能直接创造财富、改善财富的分配状况。人创造财富是为了获得满足，但导致满足的不仅仅是物质财富，还包括精神财富。通常，一个社会的富裕阶层在物质财富获得相当满足以后，开始追求精神财富；在对后者的追求中，一个主要方面是获得“社会声望”的满足。“社会声望”的最后供给者是广大人民群众，他们通过对富人的评价和对政治家的选举，来“生产”对富人和政治家的评价，同时也约束了富人和政治家的社会行为，使富人产生转变为慈善家的冲动，使政治家必须努力代表人民的利益、反映人民的要求。这个趋势一经产生，社会将逐步走向公正、平等、自由和普遍富裕。

当然，为富不仁、为仁不富是历史乃至当今社会的常见现象，但不能说一切财富都是不干净的。一个社会如果发生财富分配的两极分化，那也不是财富本身的过错，而是制度的过错。如果有一个良好的社会制度，我们更有可能在相对人道的基础上使社会财富更快地增长。

综上所述，财富增长要靠制度的改进，靠观念的不断更新。所谓财富源泉的涌流，本质上是合理配置生产资源，使有限的资源得到最合理（收益最大化）的利用。实现这个目标别无他途，只有永不停息地改革。只要我们制度改革有大的进展，财富的源泉就将得到充分开掘，财富的巨大增长以及财富的公正分配都将实现。

（作者为中国社科院农村发展研究所研究员）

我国劳动力成本真的过高了吗

宋晓梧

党的十八届五中全会决定，把适应新常态下的经济结构调整作为今后一个时期工作的重要内容。需要特别指出，合理提高劳动者，尤其是普通劳动者的劳动报酬，是走向新常态的题中应有之义。

针对我国收入分配差距过大的现状，劳动力成本是否已得到合理提高，经济发展成果是否被合理共享，是经济发展方式转变的重要标志之一。绝不是一些人所主张的，经济迈向新常态，需进一步压低劳动力成本才能避免中等收入陷阱。改革开放初期，我们缺乏资金、没有技术，唯一的优势就是劳动力价格低。依靠出口加工、来料加工逐步积累了大量外汇，低劳动力成本竞争也使我国劳动收入占GDP的比重一直较低，且从2000年呈明显下降趋势。这是造成我国居民消费率长期低迷的重要原因。日本、韩国的消费率已经低于世界平均水平了，中国比这两个国家还低得多，近年来不到40%。因此，讨论新常态，不能只说投资、能源、环境问题，更不能局限在百分之几的增速上，必须把合理提高普通劳动者的收入提到重要议事日程。

近几年，劳动力成本有所上升，劳动报酬占GNI的比重从2008年的48.5%回升到2013年的51.1%，但还没有达到2000年的53%。许多企业已经抱怨劳动力成本提高太快，造成企业经营困难。正是基于这一点，一些官员和学者认为中国劳动力成本已经过高了。

从宏观看，在农业劳动力转移增量与新增劳动力总量都逐年减少的大背景下，中国劳动力成本提高，既有供求关系变化的影响，又有发展方式转型要求的制度性“反弹”。但至今，普通劳动者总体工资福利水平仍然偏低，应当还有增长的空间。从微观层面看，不少企业抱怨近年来经营成本上升过快，企业效益下降，外商和许多本国企业转向境外投资。

能否得出这样的结论，前阶段中国过低的劳动力成本掩盖了其他成本过高的弊端，在其他成本不减少的情况下，劳动力成本的提高就给企业造成了很大压力，而劳动力成本的合理提高，有助于政府重新审视并改善企业的总体经营环境。

应当承认，虽然总体劳动力成本较低，但是我国确有一部分从业人员的成本过高了，那就是垄断行业职工和相当一部分国企高管的工资福利过高。如果把这部分人的劳动力成本单列，普通劳动者的报酬比重将更加低下。其中最需要重视的是农民工问题。2014年全国农民工总量为27395万人，比上年增长1.9%。在2014年农村居民人均可支配收入中，工资性收入人均增加500元，对全年农村居民增收的贡献率为47.2%，工资性收入占全年农村居民人均可支配收入的比重为39.6%。2014年农民工年均收入约34368元，同期城镇职工平均年收入56360元。由此可见，近年来城乡收入差距有所缩小的重要原因，是各地最低工资连续提高致使农民工工资有了较大幅度的增长。但把二产、三产企业发给职工的工资，其中2.7亿农民工那一份算到农村居民收入，这确实是中国特色，在其他国家找不到可做比较研究的数据。

解决农民工问题，局限于提高最低工资还远远不够，要落实城乡居民平等的就业权利，实行同工同酬原则，积极推进基本公共服务均等化，根本出路在于农民工市民化。“十二五”时期农民工市民化进程明显滞后，“十三五”时期，建议至少平均每年推进2000—3000万农民工市民化，同时带动他们的亲属进城镇。这一问题的解决，将大大推动户籍制度、就业制度、工资制度、社保制度、教育制度、土地制度等一系列相关体制的改革，并带来城镇化的改革红利。

总之，新常态下要转变发展方式，调整经济结构，实现全面小康，收入分配问题不容小觑，普通劳动者收入如何有效增长，能否实现共享发展，是值得审慎思考的问题。

（作者为中国经济体制改革研究会会长）

简政放权释放企业家精神

钱颖一

现在，人们常常讲企业活力和企业家精神，在当下中国，这确实是非常有意义的一个题目。

经济学家熊彼特是最早论述企业家精神（也称创业精神）的经济学家。他认为创新是经济发展和进步的核心动力，市场经济长期活力的根本在于创新，而创新则来源于企业家精神，来源于企业家通过重新组织资源来开发新的产品，创造新的生产过程，这是一个创造性毁灭的过程。

效率与活力既相关又不同，效率指在现有技术和生产条件下资源配置的有效性，是供给与需求两方面的结合，而活力更多的是指改变现有的技术和生产条件，使企业更有生气，企业活力和企业家精神是供给侧的，效率与活力的结合是市场经济的精髓。

讲到企业家和企业家精神，需要区别企业管理与企业家精神，区别管理者与企业家。一方面一个好的企业管理者未必是一个好的企业家，也不一定具有企业家精神。因为把企业管好不一定意味着企业创新，企业家精神不是单纯的企业管理问题，而是要创造出与前人不同的产品和生产过程。反过来一个好的创业者也未必是一个好的企业管理者。比如说乔布斯开始是一个创业者，但是他在1985年被苹果公司解雇，因为他不是一个好的管理者，接替他的CEO是好的管理者，但不是一个具有企业家精神的管理者。乔布斯1997年重返苹果公司的时候，他的企业管理方法有了很大的改进，成为具有企业家精神的好的管理者。所以我的观点是，要注意企业管理与企业家精神的不同。在我们重视企业管理的同时，必须大力提倡企业家精神。在我们鼓励优秀企业管理者的同时，更要推崇优秀的企业家。

讲到企业家精神与企业活力，离不开与官僚机构和官僚主义的关系。企业管理是很难避免官僚机构和官僚主义的，而企业家精神与官僚主义是不相容的。熊彼特在提倡企业家精神的同时，他担忧日益增强的政府和大企业的官僚主义会扼杀企业家精神，从而窒息市场经济的活力。今天虽然企业家精神仍在，但是他当时所担忧的官僚主义扼杀企业家精神的现象也比比皆是。因此提倡企业家精神，提倡创业精神，提高企业活力，就必须要减少官僚主义，也就是要简政放权。这就是为什么简政放权与激发企业家精神是一个硬币的两面。

理论上来讲，企业家精神并不局限于大众创业企业和民营企业，也可以包括国有企业。不过因为国有企业更容易受到政府的束缚，所以激发企业家精神和企业活力需要更大的努力。计划经济的传统，使我们更容易依赖政府推动创新，但是企业活力主要靠企业家精神。在激发企业活力中，虽然政府应该发挥推动作用，但是来自政府部门的官僚主义依然是压抑企业家精神和企业家创新活力的主要障碍。推动企业家精神的同时，必须简政放权，减少官僚主义带来的束缚。

我举一个例子。中国深圳是一个企业活力与企业家精神集中的地方。深圳的创业企业多，很多企业非常有活力，同时深圳也是政府干预少、政府服务意识强的地方。当年深圳是中国改革开放最早的试验区，是践行市场在资源配置中起决定作用的先行者，如今深圳成为释放企业家精神和创新活力的先行者。深圳用事实说明，企业的活力来自于创新驱动发展的供给侧，创新更多地依赖企业家精神，企业家精神的增强往往取决于政府行政干预的减少。

（作者为清华大学经济管理学院院长）

国企改革向着供给侧发力

厉以宁

究竟如何理解供给侧发力的主要内容？简要地说，就是必须进行结构性改革，加快结构性改革。而结构性改革中，国有企业改革的推行，更是当务之急。国有企业怎样改革？从四个方面来分析：

结构调整必须同结构性改革紧密地结合在一起，结构调整的主要任务是资源配置的合理化、高效化。如果不深化国有企业改革，不能充分挖掘国有资本的潜力，不能从新技术、新产业、新发明、新效率等方面使国有企业成为真正的市场主体，供给侧发力很难取得成绩。供给侧结构性改革的重要性正在于此。

第一，国有资产管理部门和国有企业管理应分两个层次进行改革。一个层次是：国有资产管理部门只管国有资本的增值保值和国有资本的配置和再配置及其效率的变化。另一个层次是：国有企业按行业不同而区别对待。竞争性行业积极探讨和实行混合所有制，国有资本所占股权比例不设底线，根据具体情况而定。国有企业改为混合所有制企业之后，一律按公司法自主经营，建立完善的法人治理结构，开展业务。至于特殊行业的国有企业，应当由国家控股。国家控股究竟是绝对控股还是相对控股，可以依据行业和企业的具体情况而定。

第二，推行国有企业改制为混合所有制企业后，可以在这样的企业中实行明确的人才激励制度，让高级管理人员、在技术发明或市场营销方面做出杰出贡献的人才得到激励。激励的多少由混合所有制企业根据本行业和本企业的状况而定。主要有两点需要注意：一是必须是奖励给为本企业做出贡献的人；二是必须公开化，防止个别领导说了算，或为了平衡企业内部矛盾而违背当初实行股权激励制度的初衷。

第三，根据企业状况，推行职工持股制度。在采取这一措施时，需要注意以下两个问题。第一是要汲取20世纪90年代某些国有企业试行职工持股，后来逐渐解体、消失的教训，一定要规定严格的职工持股程序，而不能采取“人人持股”“免费赠股”“企业内部自由转让”“本企业职工可以任意将股票出售给非本企业职工”等不规范的做法。第二是什么样的本企业职工可以购买本企业的股份，要有严格的限制，不能把职工持股视为本企业的一种“福利”，更不能形成在企业大门外摆地摊出售职工所持股票等做法。持股的职工应当有一定的本企业工作经历，职工所持股份如何转让也应当有规则。

第四，要逐步实行职业经理人制度。在混合所有制改革取得进展后，职业经理人制度就提到议事日程上来。职业经理人是企业聘任的，实行任期制和责任制，由董事会任命，负责企业的经营管理。企业的董事会对企业的重大决策作出决议，由职业经理人负责执行。这一结构适应于市场经济体制下的企业运营，也适应于市场环境。但存在一个问题，即我国至今仍然缺少职业经理人的供给以及供方和需方的交流机会。这是可以理解的，因为中国社会主义市场经济体制还在完善的过程中，职业经理人队伍不可能迅速成长起来，符合条件的职业经理人显然供不应求。我们不能忽略这一问题的存在，然而仍是可以补救的。比如说，可以对现有国企的中高层管理人员中愿意担任混合所有制企业经理人的，进行短期培训，然后听其自愿，加入职业经理人供给行列，应聘于混合所有制企业，同时脱离原来的就业岗位。如果以前有行政级别的话，那么从此取消原有的行政级别。

（作者为北京大学光华管理学院名誉院长）

寻回并发扬“工匠精神”

黄　健

东西方的“工匠精神”存在哪些差异

提到“工匠精神”，我们也许首先想到的会是德国、瑞士、日本这些国家。其实，在我国古代，“工匠精神”也是非常突出的，有“精益求精”的成语，有鲁班、庖丁等“工匠精神”的典型。这说明，在人类的工艺设计和制造史上，不论区域和文化有着怎样的差别，在追求精致、卓越、精美、典雅等充分反映人类文化审美创造力方面，东西方基本上都是一致的，因为它代表了人类追求极致和完美的美学理想。

基于文化的属性和发展的形态不同，东西方的“工匠精神”在具体的表现样式上，也存在着一定差异。相比较而言，东方文化（主要以中国文化为代表）侧重于对柔性要素的重视，在设计和制造上，为追求完美和极致，多强调不惜花费时间精力，反复揣摩，孜孜不倦，匠门意象，依天工而开物，观物象而抒臆，法自然以为师，毕纤毫而传神，既体现出一种精益求精的功能特点，也展现出一种典雅优美的审美特点。如在建筑上，中国传统建筑的设计和建造，在体现实用功能的同时，也追求天人合一的宜人性的审美功效。

而西方文化（主要以欧洲文化为代表）较为侧重对刚性要素的重视，在设计和制造上，非常强调对产品质量的高标准，要求必须确保每个部件质量的上乘，对产品采取严格的检测标准，无论是使用的材料、设计还是生产流程，都要求优质高效。特别是进入工业化时代后，采用标准化的规模生产，对产品的质量提出了统一的严格标准，以打造本行业最优质的产品。如英国航海钟发明者约翰·哈里森费时40余年，先后造出了5台航海钟，其中，以1759年完工的“哈氏4号”最为典型，在用于航海实验中，总共64天，只慢了5秒，远比法案规定的最小误差（2分钟）还少，完美解决了航海经度定位问题。

“工匠精神”的核心是什么

很多人认为工匠是一种机械重复的工作者，其实，工匠有着更深远的意义。他们代表着一个时代的气质：坚定、踏实、严谨、执着、专注、敬业、一丝不苟、精益求精。工匠不一定都能成为企业家，但大多数成功企业家身上都有这种工匠精神。

在我国古代，早在《诗经》中，就把对骨器、象牙、玉石加工，形象地描述为“如切如磋”“如琢如磨”，孔子在《论语》中对此充分肯定，朱熹对此解读为“治之已精，而益求其精也”。最值得一提的是鲁班，他已成为“工匠精神”的典范。他以手工操作为职业，钻研技巧，全神贯注，精益求精，集工匠、大匠师、技术家、发明家于一身，把工匠技巧发挥到了极致。

对于企业来说，“工匠精神”的核心就是：要求每一个员工不只是把工作当作赚钱、谋生的工具，而是树立一种对工作执着、认真、专注、热爱的态度，持有对所做的事情和生产的产品精益求精、精雕细琢的精神。在这个意义上，可以说，员工所做的工作，就是他人生态度的表现。他一生的职业，也就是他志向的表示、理想的所在。

以日本为例，在众多的日本企业中，“工匠精神”在企业领导人与员工之间形成了一种文化与思想上的共同价值观，并由此培育出企业的内生动力。缺少这种“工匠精神”，将会使整个社会的创新变得异常艰难，也更让基业长青成为凤毛麟角，所以，在资源日渐匮乏的时代，重提“工匠精神”、重塑“工匠精神”，也是生存和发展的必经之道。

在互联网时代，“工匠精神”会消失吗

有人说，这个时代“工匠精神”已经缺失了。其实应该说，真正的“工匠精神”是不会消失的，但在一定的时间里，有可能会“缺失”。造成这种缺失的原因很多。

从宏观的层面上来说，由于我国在由传统的农耕社会向现代的工业社会转型过程中，许多原先是农民身份的人离乡别土，到城里打工，他们实际上还未能完全适应工业化社会对产品设计与制造的规范化要求，无论是在观念上，还是在技能上，他们都还停留在单一的维持基本的生存面上，加上未能经过严格的技术培训，在整体上还缺乏对“工匠精神”的认识和领悟。

从中观的层面上来说，在我国，建立一整套与工业化大规模生产相适应的管理体系，将“工匠精神”作为一种职业精神、工作态度和制度设计，贯穿其中，长期建设，还是一个新课题。

从微观的层面上来说，“工匠精神”作为一种传统，在传承过程中遭遇了一些困境，许多人在快速现代化的浪潮中一时眼花缭乱，不知所措，静不下心来认认真真地做好一件事，缺乏耐心、专注、细心和持久力。

因此，综合起来说，“工匠精神”给人一种“缺失”的感觉的确存在，但并不意味它“消失”了。在工业4.0 时代，应该说比任何时候都需要“工匠精神”，所以，在今天，大力倡导“工匠精神”是非常有必要的。十三五规划纲要明确提出“营造崇尚专业的社会氛围，大力弘扬新时期工匠精神”。

当今该如何发扬“工匠精神”

互联网时代打开了许多未知的领域，给人们带来了极大的创造活力，尤其是在“互联网+”时代，如何倡导发扬“工匠精神”是一个值得认真讨论的问题。

“互联网+”时代，倡导“工匠精神”与创新精神，本质上是一致的。如果说互联网思维表现为开放、创造、创新，“工匠精神”表现为严谨、精致、专

注，那么，二者的融合所发生的就不是一种简单相加的物理效果，而会是一种化学反应。“工匠精神”以最开放的姿态来吸收最前沿的技术，从而创造最新的成果。它不是一味地恪守传统而裹足不前，恰恰相反，是善于用创新的精神，对产品精雕细琢、反复对比，找到最好的结果，体现出最大的价值。在我看来，即便是做互联网产品，如果没有“工匠精神”做基础，也不会产生创新的力量、技术的力量。

如今，我们倡导“工匠精神”，首先，是要文化上进一步弘扬“中华文化”的传统，全方位地将追求唯美（完美）、精致的精神贯穿在互联网时代，让这种文化真正地深入人心。其次，是要在制度的设计上，处处都能体现精益求精的“工匠精神”，少一点急功近利，多一点细心缜密，无论是互联网的实体企业，还是虚拟产品，都需要将这种“工匠精神”贯穿其中，这样才会让企业、产品，真正具有一种品质。再次，就是让“工匠精神”能够成为每一个员工的自觉追求，做到凡事都去追求99.99%，甚至100%，而不是“差不多”，马马虎虎，将这种精神作为一种做人做事的态度，成为一种生活的方式。这样，在互联网时代，在“中国制造2025”的关键契机下，以重拾“工匠精神”，以极致的产品和服务，打造出中国制造业“互联网+”的示范标杆，成为一种卓越企业和产品的标识，就不会成为一句空话了。

（作者为浙江大学教授）

我国的创新可对德国和美国模式兼收并蓄

姚 洋

我们的企业发展现在面临着两方面的压力：一方面是大家到国外去干，包括我们的企业家都意识到了应该到硅谷去、到德国去，看看人家是怎么创新的。带回来的消息，其实对我们都是巨大的冲击，因为那些地方都在发生颠覆性的科技创新，我们感觉到这种世界的压力。另一方面，国内BAT（百度、阿里巴巴、腾讯）三大互联网企业如日中天，使得我们觉得如果企业不触网、不搞点互联网就没法生存下去，又有一种互联网焦虑。

中国创新的优势是别的国家不可比拟的，有三方面的优势

我首先要说的是，我们这些焦虑在某种程度上可能是我们比较的尺度出问题了。如果按照世界进步的速度来看，中国的速度绝对是快的，即使是今天我们这个速度降下来了仍然是快的。中国创新的优势是别的国家不可比拟的，有三方面的优势。

第一方面的优势，我们的老百姓非常勤劳、非常聪明。比如说我们经常会在周末开会，在美国、在欧洲绝对不可能在周末开会。我在柏林住过一段时间，到周末的时候街上全是空的，特别是礼拜天没有几家商店开门。我们的人民是勤劳

又聪明的，又有非常强烈的企业家精神，特别是在江浙一带，历史上就有很强烈的企业家式冲动，到今天仍然如此。

第二方面的优势，我们有海量的资金。十年前我们还在担心资金不够，今天我们要担心的问题正好是反过来的，资金太多了、项目太少了。今天，中国的储蓄已占到全世界储蓄存量的40%。换挡期间，我们可以把资金转换出去。

第三方面的优势，就是不断改善的软硬件环境。我们的软件环境在改善，硬件环境绝对是世界一流的。有了这些东西，我觉得中国不可能没有创新。

美国每一个创新都是颠覆性的，是从零到一的创新，德国的创新是从 1 到 N 的创新，搞中间技术

怎么去创新？我们可以比较一下两个国家，美国和德国，这两个国家是非常有代表性的，看一下他们，对我们国家选择创新的道路是非常有帮助的。

首先看美国模式。美国每一个创新都是颠覆性的，一个创新出来其他相似的行业都要死掉，这是美国人的创新。美国的这种创新是和它的文化高度相关的，美国是高度个人化的文化，崇尚个人主义，崇尚赢者通吃。

我的导师一开始到美国去读书时，他原来读书的学校是较差的学校，有一个学生非常笨，但是老师每次都鼓励他，说：You can do it——鼓励他，这就是美国的文化。每个人都在想着创新，它能做的是从零到一的创新。这种创新也有问题，自己会制造周期，起伏非常大，创新高涨的时候整个经济跑得快。20世纪90年代互联网兴起之后美国的经济增长率可以达到4%甚至5%，但是当这一波创新完成之后，就一下子进入了衰退期。我有好多在外国读书的校友都到公司里面去工作，很好的公司是医药公司。美国的医药公司里头，一个小组就搞一种药，搞成功了大家接着干，搞失败了对不起，整个小组都被裁掉了。我有一个朋友被裁好几次，然后回国工作，最后又回到美国政府当部员。

德国的创新是从1到N的创新，搞中间技术，如在一些机器、设备等制造业，牢牢地掌握中间这一部分。它不去搞互联网，而是搞“工业4.0”，把互联网为我所用而不是大家都互联网化。这种创新也跟德国的文化相关，德国人崇尚所谓的

秩序自由主义，也崇尚自由，但是自由要以秩序为前提，失去了秩序，自由是不允许的，所以德国人有非常强烈的团队精神。同时，德国人又非常脚踏实地从一些小事做起，重视人才培养，重视很小很小的改进。它的优势就是起伏很小，小步快跑，在自己的领域里头一步一个脚印往上走。

中国创新应把美国式的颠覆性创新和德国式延续性创新相结合

要好好想想，中国到底是集体主义文化还是个体主义文化？我们老说我们是集体主义文化，我们服从领导、听老师的，从小就教育你在学校必须听老师的，在家里要听家长的。但是你和日本人相比，恐怕集体主义还不够。有一个日本人说，你们中国文化完全是个体主义的。我问为什么呢？他说在日本踢足球特别讲究团队精神，都要配合互相传球。他在北大踢球没有一个同学给他传球，都要自己往门里头带。我不是哲学家，但是据我的观察，我们既有强烈的个人主义也有强烈的集体主义。这就给我们一个启示，能不能把德国的和美国的创新文化结合起来。我觉得中国足够大，中国人的心胸足够宽广，我们的地域差距又很大，我们应该可以既学德国又学美国，可以做颠覆性的创新像BAT一样，同时，对于我们绝大多数企业来说，恐怕还要向德国学习，做一些延续性的东西，就是1到N的改进，牢牢地占领中间技术。

（作者为北京大学国家发展研究院院长）

创新的内在特性及现实难题

钟春平

中国经济经历了过去近四十年的快速发展，经济规模不断上升，如何获得持续增长将是关键，而创新则是主要驱动力。但创新难度巨大，创新驱动的任务艰巨，需要对可能的困难进行前瞻性分析和研究。

首先是不确定性与规划之间的内在冲突。创新的一个重要特征是不确定性，目前力图用规划的手段来实现创新，难度不言而喻。

其次是随机性与具体领域的冲突。由于技术创新本身具有随机性，因而很难断定哪个领域能够真正获得突破，即使获得突破，发展空间还需要依据市场来定。有些技术可能获得了一些突破，但可能突破有限，还不完全具有重大的和根本性的革新意义，因而难以成为有效的创新。而事实上，有些技术完全是偶然所得，比如互联网技术。

再次是政府与市场之间的冲突。创新主要是市场行为，因而政府主导的规划需要特别谨慎，当然并不能天然地认为，创新必然会自发形成，政府确实能够在一定程度上推进技术进步。首先，政府与市场的利益考量有所不同。政府关注的是社会福利和利益，在具体创新中能弥补研发活动中的外部性问题。但是，在技术研发成功之后，扩散过程中，政府更多地可能会关注垄断企业的超额利润，希望尽可能加快技术扩散，更多人获益。而企业家更多时候关注其垄断利润，创新本身就是通过企业家发挥其企业家才能和冒险精神来实现的，市场进行创新的目的是获取超额利润，这就形成了与政府社会目标之间的冲突。其次，政府与市场在风险偏好上存在着差异。企业家在创新过程中，面临诸多不确定性，技术未必成熟、市场未必认可，因而风险通常较大，能获得成功的概率并不是很高，而一旦成功，收益巨大，这种高风险高收益只能由企业家承担；而政府通常追求的是稳健，因而两者行为上和风险偏好上存在着明显的差异。

还有就是不对称信息引发系列问题，包括公共政策低效率、企业套利等问题。公共政策在创新中较为直接的是对创新活动进行补贴，特别需要注意的是补贴政策本身存在的问题，即收入效应与替代效应。创新活动中不仅有着不确定性，不对称性信息更为明显，企业家及从事创新的科学家之间有着信息不对称的问题，内部人和外部人之间也存在着信息不对称问题。一方面，补贴是具有价值的，通常补贴带来的社会价值高于企业提供的价值；另一方面，补贴难以真正奏效。在天然的不对称信息情形下，通常各种形式的补贴政策都可能难以奏效。相反，企业家容易变为套利和投机者，更为严重的是，政策执行者也有可能牵涉其中，导致腐败问题。因而在公共政策选择上需要特别谨慎。

最后是基础研究、应用研究及试验发展之间的冲突及发挥效应的时间差异。基础研究发挥基础性作用，虽然看似无用，却是长期创新的关键。应用研究起着推动作用，试验发展是直接的推广和应用。在研发投入上，目前投入并不充足。有限的投入通常追求较快获利，这就使得更多的研发经费是用在试验与发展上，用于应用研究的不多，用在基础研究的更少。过于追求立竿见影和短平快的项目，这就导致了模仿偏多，真正的创新少之又少，而且创新的后劲严重不足。中国在基础研究上投入太少，而应用和开发比重相当大，这部分说明在研发投入上过于急功近利，这种追求立竿见影的投入客观上效果不佳，与创新目标的长期路径也有着明显的冲突。

可以肯定的是，当前已经面临重大的现实挑战：创新能力不足是短板，但创新又是中国经济获得进一步发展的关键。重要性和难度同时并存，在短时间内要获得突破有比较大的难度，需要避免急功近利的情形，在“十三五”期间需要更加妥善地推进，要有针对性地实施谨慎的公共政策，以此提高创新能力。

（作者为中国社科院财经战略研究院教授）

分配规则再析

王东京

人们熟知的分配规则，是萨伊的三位一体公式："资本—利润、土地—地租、劳动—工资"。此公式也被称为"按生产要素分配"。当年读《资本论》就知道马克思批评过萨伊，后来读萨伊的《政治经济学概论》，我也认为萨伊的理论有庸俗成分。可没想到的是，2007年中央将"确立劳动、资本、技术和管理等生产要素按贡献参与分配的原则"写进了十六大报告后，学界却有人说萨伊没错。

可以肯定地讲，萨伊错了。他错就错在混淆了收入来源与收入分配的区别。在他看来，资本得利润与土地得地租，是因为资本创造了利润、土地创造了地租。而马克思批评说，收入（价值）来源于劳动，资本与土地只是创造收入的条件而非来源。的确，收入来源与创造收入的条件是两回事。爱迪生发明电灯需要实验室，可我们能说是爱迪生与实验室共同发明了电灯吗？这是一方面。

另一方面，资本与土地虽只是创造收入的条件，但让它们参与分配却没有错。对为何要允许生产要素参与分配，目前国内学界有两点解释：一是生产要素对收入创造有贡献；二是中国尚处在工业化中期，资本、技术、管理皆短缺，不允许要素参与分配则无以调动全社会资源。还有人举证说，近30年非公经济风生水起，一个重要原因就是允许资本参与分配。

以上解释我同意。不过从学理看，这样的论证并不严密。我认为至少有两个前提：第一，生产要素要有不同的占有主体；第二，产权要有明确界定并受法律保护。若没有这两个前提，不仅不存在按要素分配，甚至也不会有市场交换。

对第一个前提，马克思曾有精辟分析，下面这段话相信读者也熟悉。马克思说："商品不能自己到市场去，不能自己去交换。因此，我们必须找寻它的监护人，商品所有者。"同理，生产要素也是商品，若没有占有主体也就没有监护人，没有监护人生产要素也不能自己卖自己。所以生产要素要进入交换，也必须有占有主体。

对第二个前提，我的看法是这样：如果生产要素有占有主体但若产权不受保护，这样不仅不能产生交换经济，相反会导致强盗经济、土匪经济。不妨设想一下，国家不保护产权意味着什么？那无疑是说，国家承认或者默认弱肉强食规则；意味着抢劫盗窃、欺行霸市等皆不违法。若如此，侵占别人财产不被治罪，那怎可能出现交换呢？

显然，以上前提其实是交换的前提，读者可能要问，为何将交换的前提设定为分配的前提？我明白读者的疑惑。因为表面看分配并不同于交换，而且在人们的观念里，分配是主体对客体的分配；而交换却不分主客体，强调的是等价交换。对此我要指出的是，人们所理解的那种主体对客体的分配是计划体制的分配，市场体制的分配实际就是交换。

想想住房分配吧。过去计划经济时期城市的房产大多公有，那时住房通常是由政府根据人们的职级、工龄等分配；而实行市场经济后，住房产权被界定为居民所有且受法律保护，于是住房分配也就不再由政府主理，而是让居民进入市场购买，变成了交换。从这个例子可见，在市场经济下，只要明确界定产权并保护产权，分配就是交换，交换也是分配。

回头再说分配规则。我的推论是：若要素产权得到界定并受保护，则企业分配必是按要素分配。何以有此推论？为简便起见让我用例子解释：假定有三个人，他们分别是资本、土地和劳动力的所有者，经过协商，他们同意将各自生产要素组合起来办企业，结果一年收入了1000万。这1000万怎么分配？假如国家保护产权，三个要素所有者都应参与分配，不然剥夺任何一方分配权皆是对"产权”的侵犯。

是的，按要素分配是企业分配所应遵循的原则，但这只是一个原则，若进入到具体操作层面还会有一个难题，那就是资本、土地和劳动力参与分配的比例怎么确定？理论上讲，应该看它们各自的贡献，可问题是我们怎么知道不同要素的贡献呢？要解决此问题我认为还得从交换入手，虽然我们不知道它们各自的贡献，但通过交换却可以确定。

事实上，对怎样确定收入分配比例，马克思早就为我们提供过思路。在《资本论》中他明确地讲：利润是资本的价格；地租是土地的价格；工资是劳动力的价格。照此理解，确定要素的收入分配比例其实就是给要素定价。这样一来问题就变得简单了，价格由供求定，各要素在收入分配中究竟占多大比例，最终就取决于它们各自的供求状况。

（作者为中央党校副校长）

好的创新“场”是这样吸引人的

周其仁

城市就是密度，就是聚集。这次去美国游学的时候发现，科技创新比一般城市更加高密度。站在中国的立场上，我们要看哪些东西我们有，哪些东西我们没有，到底差在什么地方。

硅谷的核心就是斯坦福大学，波士顿走廊的核心就是麻省理工。美国大学的房子里有一堆牛人，中国这里也有。区别在于，像麻省理工这样的学校比我们对人的投资更多。他们每年研发预算很多，其中部分是企业捐的，而我们国家大学每年的研发资金却差很多。在美国好的大学里，师生互动频率很高。同时，老师带着博士生全世界走，哪个地方有意思，只要报上名字带着就去了，博士生领着硕士生走，硕士生领着本科生走。

有人说中国有雄厚的资本，但其实往人身上投钱却差得很远，培养人的“厚度”远远不够。很多事情看一看、现场听一听就不一样，但中国有多少学生有这个条件？中国大学与美国大学相比，有老师、有学生、有研发、有支持研发的人和机构、有国家投入、有校友捐赠或公司捐赠，这些环节几乎都是一样的，但后面一个环节就不同了。研究出来以后怎么办？再下一步就是要用专利，可以依靠专利排他性地实现发明创造的收益。

麻省理工在20世纪60年代就做了很多在大学层面的尝试，得出了一些把这一块资源激活的经验。这些经验反映到议员那里去，最后有了《拜杜法案》。由于这个法案的推行，最后大概6900家公司放在马萨诸塞州，成为整个马萨诸塞州经济的发动机。此后，出现了新的角色，叫专利转换办公室。这些办公室的人整天在大学里面转来转去。他们既不是科学家，也不完全是商人，而是负责帮助科学家申请专利和推动专利商业化的专家。专利带来的利益，有三分之一归专利转换办公室，他们拿到钱再去申请专利，拿到更多的钱，这样整个技术转换的格局就不一样了。我们大学里面有这样的人吗？没有。我们缺的是制度，而没有制度的原因是没有人把制度做出来。

在参观过程中，我们看到了“专利墙”，而专利背后是一套关于专利保护的法律。你用五年或者八年来研发，只要干出头来，任何人都要给你付费。没有这个信念，谁会把五年、八年的时间往里放？风险资本怎么敢往里投？有了核心大学给企业的专利，围绕这个专利可以再开发更多专利。

但光有专利还不行，产业界怎么判断？市场怎么判断？这是另外一个环节。不是所有专利都能赚钱，要有人掂量、评估、检验、尝试。我们在游学过程中就看到有企业联合会，驻扎在麻省理工，从市场产业生产的角度评估哪些专利更有机会变成产品，但我们这里好像就没有这样的组织。

美国科技创新力量大，原因在于它已经形成了一个生态。房子是同样的，校区是同样的，都叫大学，但他们那里的活动却很不一样，差别很大。对我们大学在整个社会当中的连接方式，真要重新反省。

简单地说，运用一个新的原理解决有市场前景的问题，就叫科技创新。在我看来：第一，要有原创性的想法，原理就是一个想法，就是关于因果联系的猜测，有了原理能不能用，后面要有一组支撑性的技术。

另外，不能指望科学创新遍布整个国家，所有这些元素只能在空间上集中到非常小的地方来，高密度、高浓度，要形成一个场。不光是每个元素很优秀，而且要每个元素进入这个场里互相作用。

我们这次游学发现：“场”是比单个元素重要的力量，这个“场”一定不能太大。反应堆、熔炉、高压、高温要凑到一起，要高频互动。温度非常重要，如果不在一个群里面集聚起来、凑到一起，好多潜在的力量是发挥不出来的。这里头最重要的生产力，不是单个人多聪明、多厉害，而是形成的那个氛围。

古人讲：“积土成山，风雨兴焉；积水成渊，蛟龙生焉。”什么叫创新？就是“无中生有”。“无中生有”的条件是什么？想法再往前走一步，最后怎么变成产品？这里有大量的道理值得研究。把想做事的人聚在一起，形成氛围，就可以发展，这是知识驱动、知识外溢的经济发展。

一个适合人才发展的地方是怎么形成的？研究城市，研究到最后就是这个问题。

（作者为北京大学国家发展研究院教授）

难点辨析

当前的城乡二元结构对农民有一定保护作用

贺雪峰

在农村调查，与老年人聊天，一些老年人对国家表现出无比的感激。原因是，现在种田不交税了，日子过得好，而且国家推进新农合、新农保，看病能报销，年满60岁的老年人每人每月还能领取70元基础养老金，这真是比儿子给的养老费还多。

区区70元基础养老金，竟然让农村老年人觉得国家政策所提供的保障比养个儿子还好，这与很多人认为国家给农民保障太少，网络上一些人散发不满情绪，可谓泾渭分明。为什么会形成这样的反差？这个反差意味着什么？这个问题值得深入讨论。

每月70元的基础养老金，让农村老年人无比感激，其中一个原因是，长期以来，农村老年人从来没有获得国家提供的养老保障，而是靠家庭养老。子女不孝，老年人就会无助。他们过去没有既得利益，没有形成利益刚性，现在国家每月发钱，就是天上掉馅饼，当然会真诚感激。这就说明，中国社会结构还有很大弹性。正是弹性的社会结构，使中国具有巨大的利益调整空间，使中国可以应对各种危机和困难，可以将主要资源用于发展战略产业，完成产业升级，从而走出中等收入陷阱。

当前正在推进城乡一体化的养老保障，意思是养老保障不再分城乡，而是城乡一样。而实际上，城乡可能还真的有些差异。在领取基础养老金的同时，农村老年人仍然可以种地，而不需要子女赡养。就算到了不能种地的年龄，还可以种菜，养猪养鸡，从事力所能及的副业。城市老年人没有可以劳动以自给自足的土地，每月几十元养老钱，根本无法生存。因此，在推进城乡居民养老保障时需要考虑城乡差别。

中国社会结构的这种弹性还可以用来分析户籍人口的城镇化率。进城农民工，年轻时进城希望通过努力和运气可以在城市体面安居。但当前中国经济发展阶段决定了绝大多数进城农民都无法获得体面安居的就业与收入条件。好在农民工进城时，他们的父母仍然在农村务工，务农收入不多，却足以解决温饱问题。年轻人进城，赚了钱最好，赚不到钱无所谓，可以养活自己就行。等到生儿育女，有了压力，他们变得节俭，考虑长远。运气好则逐步成为城市的一分子，甚至将年老父母接到城市里来。运气不够好，就将子女送到农村父母那里养，夫妻一心一意在城市挣钱，将人生希望寄托在子女身上，他们并无沉重的赡养父母的经济压力。到了中年仍不能在城市体面安居，他们就开始考虑返乡了。虽然能在城市体面安居最好，但若不能在城市获得起码的体面生活，他们就宁愿选择返乡。

换句话说，正是农村的存在，正是土地在农民手上，农民通过“以代际分工为基础的半工半耕结构”，获得了在城乡之间进退往返的自由空间。若失业农民工无乡可返，国家就必须为他们提供失业保险，若国家不能提供如此庞大数量人群的失业保险，这些人就无法生存，就会社会失序甚至政治动荡。显然，可以容纳无法进城农民且可以让进城失败农民返乡的制度的存在，使中国社会结构具有极大的弹性，可以应对各种危机冲击。农村成为中国现代化的稳定器和蓄水池。中国城乡之间存在着对农民的保护性结构，这样的结构使中国社会结构保持了弹性，使国家有能力相对自主地分配经济增长剩余，从而使中国可能走出中等收入陷阱。

当前的城乡二元结构并不限制农民进城，农民能否进城和在城市安居主要不再是制度问题，而是他们能否在市场经济寻找到机会的问题。或者说，当前农民能否进城的唯一障碍是他们有无可以在城市体面安居的就业与收入条件。但城乡二元结构却仍然限制城市人下乡，限制资本下乡，比如城市人不能到农村买农民的房子。

有人说，不让城市人下乡限制了资源的有效配置，不是市场经济行为，会降低社会资源配置的效率。问题是，当前农民的住房、宅基地和土地承包经营权究竟是市场经济的生产要素，还是兼有农民的基本保障和社会保险？若是农民的基本保障与社会保险，则基本保障能否自由交易？显然，基本保障是不能自由交易的，因为这是底线生存。城市人到农村买房子，是因为要为过剩资本找到储值手段，或要在农村多一个休闲去处，而对农民来讲，一旦他们失去农村住房，他们进城失败就不能再返乡，他们就失去了安身立命的根基。不是一个农民，而是在当前中国经济发展阶段，绝大多数农民都不可能在城市体面安居，农民失去返乡退路，中国当前的弹性社会结构也就不存在了。在城市这块狭窄局促空间中，激烈的不同人群、不同阶层、阶级之间的冲突也就会习以为常。那个时候，因为失去了农村这个中国现代化的稳定器和蓄水池，再谈走出中等收入陷阱，就没有可能。

我们一定要认识到，当前的城乡二元结构不再是剥削农民的结构，而是对农民的保护。这一保护性结构是中国社会结构至今仍然可以保持巨大弹性的关键。一旦不再有保障性的城乡二元结构，一旦作为农村基本保障和社会保险的农村宅基地、住房和土地承包经营权被当作了财产，可以拿到市场上交易，则进城失败的农民就失却了退路，中国在发展进程中再出现任何一次危机，都会有一个巨大的缺少弹性的结构性力量来加强其烈度，其结果就是，中国社会将陷入不同群体不同阶层发生冲突的中等收入陷阱中。

（作者为华中科技大学中国乡村治理研究中心主任、教授）

聪明的城市选择“精明增长”

于涛方

2015年12月，习近平总书记在中央城市工作会议上的讲话中，提出“要坚持集约发展，树立‘精明增长’‘紧凑城市’理念，科学划定城市开发边界，推动城市发展由外延扩张式向内涵提升式转变”。在中国新型城镇化和城市规划的战略层面，引入了“精明增长”理念。

结合我国新型城镇化要求和城市发展特色，在具体运用“精明增长”理念时，应注重把握以下几个方面：

第一，“精明增长”具有重要的公共财政经济学意义。

在美国、加拿大等国家，提出“精明增长”的初衷是建立一种使相关州政府能够指导城市开发的手段，并使政府的财政支出对城市发展产生正面的影响。从这个意义上讲，“精明增长”就是城乡政府在基础设施开发管理的决策中，尽量以最低的公共成本投入去创造最高的土地开发收益。因此，国外在推进“精明增长”实践的过程中，会合理选择法律、经济、行政等政策工具，比如充分利用价格手段的引导作用，发挥政府财政税收政策的指向作用，以及综合利用土地法规的控制作用等。

第二，“精明增长”需有效发挥市场和规划机制作用，促进空间资源配置的帕累托优化。

由于不健全的市场条件，以及市场失灵、政府失灵等原因，在我国城市发展过程中，稀缺的空间和要素等资源在有些地区没有实现合理配置，甚至产生极大的时空扭曲、功能扭曲。在有的历史文化名城，传统历史街区未根据其优质性、稀缺性加以有效配置，其结果是非正规就业等的无序集聚、传统风貌和文化的破坏、更具竞争力的文化没有得到创新和发展。因此，城市的“精明增长”须重视解决稀缺空间资源配置扭曲问题，综合发挥城市规划的统筹指导作用和市场配置资源的决定性作用，减少地区分割和行政分割，做到优质资源优质利用。

第三，“精明增长”理念并非仅适用于大城市，大量中小城市更需要“精明增长”策略。

虽说在大城市，甚至是超大城市，污染、拥堵、住房紧缺等城市问题更加凸显，但从集聚经济、规模经济产生的空间效益来看，大城市的投入产出率往往更高。因此，经济新常态下去产能、去库存等问题的解决，需要大城市的“城市化经济”的充分发挥；面向未来的城镇化模式的转型发展，也必须发挥好中心城市的支撑、辐射、带动作用。中小城市（镇）在过去30多年的发展中，对农村剩余劳动力的解放和转移，对满足市场需求发挥了不可忽视的作用。然而随着供需关系的变化、生产要素国际间自由流动和配置的加快，中小城镇的发展日益受到规模经济等方面的制约。由于地方政府资源配置政策的滞后甚至失误，导致一些中小城镇粗放发展扩张，规模过度膨胀，基础设施过度超前，形成了公共资源浪费和生态环境恶化等问题。

第四，从区域协调发展层面，中国有些城市更需要“精明收缩”。

一方面，城市规模的差距，有其资源承载能力和社会经济环境等方面的根本原因。比如，中西部地区交通不便、自然条件恶劣，从城市经济、生态环境等角度看，城市发展贪大求快，不仅可能造成投入产出的不合理关系，而且可能造成不可弥补的生态问题，乃至进一步影响社会和经济安全。另一方面，缩小区域之间的发展差距，很大程度上要靠劳动力等生产要素的空间均衡配置和自由流动来解决。以京津冀地区为例，京津两极过于“肥胖”，周边中小城市过于“瘦弱”，不同规模城市间没有形成合理的分工和分布格局。解决这一问题，有些地区就需要通过一定的市场和政府政策机制，促进服务、就业、人口的转移，来平衡人均GDP、人均收入等区域差异，实现“精明收缩”。张家口和承德地区的生态环境极具国家和区域意义，元代以来就有着独特的区域功能安排，被划为生态“禁地”，目前总常住人口规模高达800万，2000年—2010年十年间人口年均增长3万以上。在这个地区，城市发展也需要遵循一定的“精明收缩”原则，积极推动全域意义上的“国家公园”建设，促进人口和功能向张家口、承德等中心城市集聚，引导多数中小城市实现精明收缩，保障水资源和生态涵养的区域作用发挥。

应该说，任何政策都是“权衡”的结果，“精明增长”也不例外。城市发展的不同时期有不同的主导目标，有时“精明增长”需更多考虑“经济效率”，有时需更多倾向于“社会公平”，有时需更多倾向于“环境可持续发展”。虽然“精明增长” 术语在20世纪90年代才诞生，但其背后的政策含义可以上溯很远，一定意义上其实是“新瓶老酒”。在当前的中国，“精明增长”要因地制宜、因时制宜、因市制宜，关键是要兼顾好长远目标的实现和当前问题的解决、尊重城市发展的一般规律和每个城市的特殊性。

（作者为清华大学建筑学院副教授）

城市内部高低技能劳动力必须是“互补”的

陆　铭

2015年年底的中央城市工作会议指出，要“尊重城市发展规律”。当前，中国城市发展过程中非常紧迫的问题就是科学认识城市内部高、低技能劳动力之间的互补关系，否则，就将损害下一程的城市化进程，以及城市和谐有效的发展。

一个巨大的认识误区：
城市产业升级，就不需要低端劳动力了

人们常常凭简单的直觉认为，城市的产业升级，就不需要低端劳动力了。这是一个巨大的认识误区，在这种误区指引之下，就会认为需要动用政策手段限制低技能劳动力流入城市，而具体的做法就是对低技能劳动力设置更高的门槛。

真实的情况是，高技能者和低技能者在一个城市中是“互补”的，这其中有三方面的原因。

第一个原因，劳动分工。在任何生产单位里面，都需要同时有高技能劳动者和低技能劳动者相配套。比如在上海陆家嘴的金融街，除了需要高级的白领以

外，还需要清洁工和门卫。从事这些工作的人员往往都是相对来说教育水平并不高的人，这个时候在社会产生一个分工效应，一个地方的社会分工效应越强，低技能的劳动者越会从高技能者的集聚当中获得好处。

第二个原因，人力资本外部性。大学生和大学生之间存在相互学习效应，同时，大学生也会对初中生和小学生产生知识的外溢。比如说，在外国人多的地方，一些服务业里的从业人员就有人会说点外语。

第三个原因，消费的外部性。生活中，人的收入水平越高，就有越高比例的收入用于消费服务，包括餐馆里吃饭或者请家政人员，提供这种服务的往往是低技能劳动者。

大城市应该发挥吸纳低技能劳动力就业的作用

同样道理，即使在美国，高科技产业和制造业的发展也同样带来对于服务业的需求，其中，服务业的很多从业者都只有高中以下的教育程度。美国的研究发现，高、低技能的劳动力的比例大致就是1：1的关系。相比之下，制造业对于就业的带动力相对较弱，一个制造业就业岗位的增加大约带动1.6个本地服务业的就业。

相比之下，除北京、上海等特大城市人口密集之外，中国的大城市未能像美国的大城市那样发挥吸纳低技能劳动力就业的作用。在美国，大城市与中小城市相比，高技能者和低技能者的比重都比较高，而中间技能的劳动力比重较低。其中的道理就在于上文所说的高、低技能劳动力之间的互补性，高技能劳动者集聚在大城市后，既在生产里需要清洁工，同时也在生活里面需要家政服务员。但中等技能这部分的劳动者，“高不成低不就”，既难以跟高技能劳动者竞争，又不愿意做低技能劳动者做的服务工作，这些人相对来说不愿意到纽约这样的大城市去。这就是市场经济下出现的情况。

如果过度限制低技能劳动力的流入，就会产生一系列损害城市发展的后果

那么，中国的城市是什么样的情况呢？数据显示，大城市明显比中小城市吸纳了更多的高技能劳动者，但是，初中以下劳动者所占比例却比中小城市更低。对于这种现象，很多人会说，这不挺好吗？大城市高大上。真是如此吗？如果限制低技能劳动力的流入，就会产生一系列损害城市发展的后果。

首先，企业的劳动生产率会受损。根据我们的研究，在大企业里技能互补是存在的，低技能劳动者的生产率会因为这个企业的高技能劳动者数量提高而提高。反过来，高技能者的生产率也会因为这个企业雇佣的低技能劳动者数量提高而提高。按道理来说，在大城市里，因为劳动分工较细，将产生更强的技能互补性，但从数据上来看却不是这样。这就很奇怪，我们进一步分析了原因，结果发现，是因为中国更大的城市限制了低技能劳动者的流入。大家想，当一个企业雇佣不到充足的低技能劳动力去做勤杂工的时候，就只能雇佣相对高技能的劳动力来补充，于是低技能者和高技能者的互补性反而下降。说得通俗些，有一部分大学生可能会去做原本由高中生或初中生就可以完成的工作。

如果高技能劳动者集聚产生大量对于低技能劳动者的需求，而后者的供给却受到限制，从而相对来说供给不足，这时，供小于求的结果就是其价格（工资）将快速上涨，这就是我们现在在中国大城市里看到的情况。在低技能劳动者供给受限的时候，由他们提供的服务价格一定是往上涨的，这时，高的服务价格就会导致企业相应减少低技能劳动者的雇佣，以及消费者减少生活性服务的消费。比如说，在公司里，有些可以由后勤处理的事，白领们就自己去做了；在生活里，本来可以到外面吃饭的，就减少外出消费，在家自己做饭了。结果是，高技能劳动者的劳动生产率就下降了，用来提升自己劳动生产率的学习时间也少了，不利于整个城市的竞争力提升。

如果户籍制度严格限制外来人口落户于本地，还将极大地制约其消费。他们预期自己未来回老家，收入将大幅度下降，所以需要为未来多存钱。据我们的估

计，与一个拥有城镇户籍的人相比，移民的人均消费要低16%到20%。移民被节省下来的消费不仅不利于当前中国经济扩大内需，而且也会影响到城镇居民的福利。研究发现，当一个城市的移民把省下来的钱往老家汇时，这些汇款每增加1%，本地居民的工资将会降低0.088%，而且受影响更大的就是本地服务业的从业人员。

另外，大城市未来面临的挑战是，随着城市人口中高技能者和低技能者同步增长，收入差距将有可能扩大。这时，应该通过公共服务的均等化来缩小人们的实际福利差距。如果户籍制度和积分落户制度倾向于高技能劳动者，而户籍制度又跟公共服务的获取挂钩，那么，有权利享受城市公共服务的将不是对其需求最强的低收入者。原来，城市的公共服务应该起到缩小人与人之间福利差别的作用，而在当下的制度下，城市公共服务的提供体制却可能使低技能者和低收入者受到不公正的待遇，反而扩大人和人之间的福利差别，这样就与提供公共服务的初衷相背离了。

（作者为复旦大学发展与政策研究中心主任、教授）

让城市发展更符合规律

李　铁

改革开放30多年来，我国城镇化快速推进，很多城市的面貌发生了可喜变化，但在城市发展中也出现了一系列问题。这些问题的产生，原因之一是我们对城市发展规律的认识出现了偏差。

正视人口规模及相关联的资源配置问题

如果我们对于人口规模没有清醒的认识，在制订规划的时候忽视对人口结构、人口规模的分析，就会导致投入严重的浪费。这个现象在全国相当普遍。我们在调研中发现，某新区做了一个50平方千米的规划，规划人口是50万人，但是没有考虑到：一是新区离老城挺远，如果不能先与老城区结合起来的话，就不会形成人口的聚集效应。二是成本高，怎么和其他的新区、其他城市产生竞争优势？三是规划没有考虑地理差异、发展约束、生态空间。

试想，不当规划带来大量投资和粗放建设会给一座城市带来多么严重的浪费现象。要解决便民的问题，完善周边生活的各种公共设施、服务设施没错，可以往这里大手笔投资。可是投资严重粗放浪费到了上百亿上千亿元，也没有人承担责任，还给后任带来了严重的管理难题。

因此，编制大规模空间的规划一定要结合这一空间可以容纳的人口，认真分析大规模空间内需要承载的大规模人口从哪里来？人口结构是什么样的？和什么样的产业发生关系？和城市之间是什么关系？过去，我们以为一个很大的规划自然会吸引人来，但是如果在这个规划只停留在纸面上，没有转化为投资的情况下，尚不会产生严重的后果，而一旦转化为投资就会带来巨大的损失，多年辛苦积累的财富、积累的投资，政府花费了一定代价拿来的土地，最后或许变成一大笔闲置的资产。

遵循城市交通配置的规律

我们注意到，现在大量的高铁站都修在城外面。为什么要修到城外面呢？因为这些城市想当然地认为，只要高铁通过的地方，就会带来大量的人流和物流，所以很多地方政府就提出了诸如“航空港”“高铁港”“高铁新城”之类的发展思路。然而这个观念对吗？

研究城市发展历史上因港兴城的案例自然会问：为什么在一些港口会逐渐形成繁华的城市呢？因为港口具有泊船、装卸、中转和仓储功能，而且客货集散速度非常慢，船舶在港口的停留时间长，一些工业企业便围绕铁路港口建厂，提供大量就业机会，而大量工人就需要各种生活服务，在港口地区就逐渐生成了大量的产业、商业，人口也不断集聚，进而发展演变成为一片城市，而城市中心和港口相互依存、相互促进。

然而，现在的交通枢纽和过去的港口大不一样。因为高铁和飞机都是快速交通工具，高铁和航空运输的特点是快速流动、停留时间短。从城市发展规律来看，如今的城市基本上是先有城市后有航空港的，而不是先有航空港后有城市的。以高铁为例，怎么可能在高铁站边形成一个城市呢？这种观点的失误在于未能充分理解快速港口的功能，忽视了高铁快速流通的特点。原本坐高铁就是为了快速省时间、为了交通更便利，但很多城市把高铁站都修在城外，从城外高铁站转车进城，增加了半个多小时的换乘时间，就抵消了高铁带来的交通优化产生的大部分好处。为什么要把高铁站修到城外？因为一些市长想在自己任期把高铁站修成，可是城里拆迁会遇到一系列问题，修在城外，难度相对会降低很多。

为什么国外的大量交通枢纽都修在城里呢？它们基本上遵循一个规则，就是往城市中心人多的地方扎。一是因为拉选票，人多的地方受益人群增加，会支持政府的行为。二是只有在城市最中心的位置才会带来大量的人流物流，才能带来土地增值，创造服务业就业机会。我们看到东京站的立体交通枢纽，就建在皇宫附近，新干线、地铁、公共交通分层集中在一个空间内。这种立体交通枢纽最大的特点，是每天百十万人口流动的地方一定会产生巨额的商业价值。虽然我们有世界上具有领先地位的交通工具，但却把站点建在城外，这就使得其应有功能因决策偏差等因素而被大大抵消。

城市是组团发展还是分散发展

关于城市发展的形态，在国际上也是有规律的。我们很多城市的规划选择走组团式发展形态，都在倡导理想的城市发展形态。最典型的就是某城市新区，规划了五个板块。那么，城市发展到底是走摊大饼式的扩张模式，还是走组团式的发展模式？

事实上，从世界来看，沿着主城区、沿着边界向外扩张是城市发展的基本规律。为什么城市要沿边界向外扩张？因为沿城市边界向外扩张的时候，基础设施最短，管道、路网最短，成本也最低。修路的时候，只要在原有路网的基础上再向外延伸一点点，而服务业也会顺着城市边界向外发展。一般来说，城市是根据成本最低的经济学规律发展的。

什么情况下才会出现卫星城呢？当城市扩大到一定规模后，城市半径达到30千米以上的，才会呈现树枝状发展模式。比如东京，从核心区到30千米半径处，再向外就不可能再走摊大饼的发展模式了，于是就沿着铁路，发展形成了卫星城。而对于一座百十万人口的城市，完全没有必要发展卫星城。

我们的城市官员会有这样的体会：老城区建设和新城区建设的热度是不同的。一方面老城区改造起来太难了，另一方面建新城区则要大规模拆迁，而拆迁的同时，管道、路网、就业都会发生变化。然而新城区建设的一个结果就是，老城区人不愿意去新城区生活，新城区虽然好看、路宽，但生活不方便、没有人气。调查发现，新城区的就业网点甚至只有老城区的三分之一。因此，在城市扩张发展模式中，一定要抱团发展，沿着中心区向外扩张，而不能走分散的发展模式。广州、深圳、北京、上海、天津都是在发展过程中主城区越大，人口集聚越多，服务业才能发展，未来辐射就越强。

尊重城市产业发展规律，重视服务业发展

我国目前的城镇化率已经达到56.1%，但服务业增加值占GDP比重（50.5%）仍然不高。全国很多城市都是这种情况。然而，在世界城市化发展的过程中，当城市化率达50%以后，服务业就呈现快速增长的态势。为什么？

第一，劳动密集型工业会逐渐被资本和技术替代。比如现在大量企业都在投资研发机器人，而技术支撑和资本支撑的背后需要的是现代服务业，通过研发来支撑就业的压力。创新和研发也是劳动密集型的。因此，城市的人口结构决定了服务业的发展水平。

第二，城市发展规律是退二进三，必然有从工业再到服务业的回归过程。欧洲中世纪的城市，就是因为人口聚集，催生商业发展，各种交通要道会形成“市”，这种“市”就是商业。中世纪之后，工业革命推动了大量劳动密集型产业的发展。当城市发展到一定阶段，技术在一定程度上替代了劳动力，而工业需要低成本的环境、基础设施、厂房租赁、土地、劳动力等在城市市区的成本过高，于是工业便逐渐向城市外转移。所以，当城市化发展到一定程度，工业要远离城市，西方国家的工业基本都是远离城市的。同时，由于城市里土地成本过高，传统工业迅速地置换到城市郊区，有利于产业转型置换。20世纪90年代，很多城市在实施退二进三战略的时候，大量传统工业、街道工业都被服务业替代了。只有服务业替代传统工业，才有可能顺利实现就业转型。

第三，居民对城市生活环境的要求不允许工业继续留在城市。当城市发展到一定阶段，城市的生活水平逐步提高了，而居民对城市生活的要求也将随之提升，比如会对城市宜居、生活环境提出相对高的标准，于是工业也需要远离城市。

第四，城市是服务业最容易生长的地方。对于紧凑发展的城市，在城市的中心地带，服务业的规模效益最高。为什么目前我们的城市服务业发展缓慢？因为很多可以发展服务业的地方被城市景观所占据。在欧洲国家以及我国台湾地区的很多大城市，城市布局和服务业发展有什么关系呢？其中很重要的一个要素就是路。因为服务业发展需要以最小半径获得最大的消费满足，所以就有了“街区经济”的形态。那么，城市给服务业提供了什么样的空间，为就业提供了什么样的空间？以台湾地区为例，其城市服务业最大的特点就是“吃”，在城市里形成了独特的饮食文化，而服务业质量也大大提升，服务业就业功能、方便功能也大大发挥。再看我国其他不少城市，服务业产品无论是数量、质量、方便度，还是就业广泛程度，都难以交出一份满意的答卷。

（作者为中国城市和小城镇改革发展中心主任）

解决“城不像城，乡不像乡”的国际经验

党国英

什么是城市？什么是乡村？如果对这两个概念只有模糊的把握，又何以保证涉及城乡政策的指向性？我国目前界定城乡的标准比较含混，给相关政策的制定及政策操作带来不少问题。鉴于城乡概念模糊所引起的诸多政策操作难题，确定城乡概念的现实意义重大。

国际上并没有成熟的、被人们普遍认可的城乡界定准则，但这不是说在区域经济管理中，没有城乡概念。如果概念的模糊不妨碍政策操作，人们可能不去自找麻烦去界定政策术语。在欧美发达国家，因为农业人口少，城乡分野比较清楚，针对农村人口的专业农民与非农民的分类区别政策，可以直接按人口的职业性质去操作，不必将基本政策划分为城市政策与农村政策两个类别，更不必有“三农”这样的模糊概念。在大量的涉及社会经济管理的法律文件中，需要区别城市与农村的情形并不重要。甚至在他们的官方统计中，也只有很不重要的篇幅单独涉及农村情况。尽管如此，欧美国家涉及城市设立、城乡划界的理论与政策还是值得我们注意。

城市设置的自治制度基础

在西方当代法治国家，自治原则被普遍实行。自治原则的要素，一是只要私

人及私人机构能处理的事务，包括某些公共事务，最大限度地允许其自己处理。二是在向下包括的国家及各级地方治理系统中，公共事务最大限度地交由下一层级的公共机构或地方政府处理，只有不得不由上一级公共机构或政府办理的事务，才由它们办理。三是任何一级立法机构都具有立法权。四是不论什么层级的政府，在法律面前一律平等；下级立法机构制定法律只要不违反上位法，就具有合法性。上级政府也必须遵守下级政府制定的法律，除非经由宪法法院或上级法院裁定下级立法机构制定的法律不具效力。五是能不设公共权威机构的小型社区，尽可能不设公共机构。

西方现代法治国家一般不对城市的最小人口规模做出法律界定，但这不等于任意小的居民点会被当成一个城市。笔者访问美国艾奥瓦州时曾了解到一个很有意思的情况。该州规定，如果一个居民点的居民全体同意设立具有法人社团性质的共同体，且基础设施达到一定标准，又经过州议会同意，法人团体的地位便得到允准。这个社团的法律地位与城市相当。曾有一个人口较多的家庭向州议会申报这种法律地位，但没有得到允准。应该说在绝大多数情况下，一定数量的居民群体不会随意提出设立城市的要求，特别是居住分散的群体不会提出这种要求，原因应该是与城市设立以后的税负增加有关。

“人口稠密区”概念

国际上关于人口分布的讨论中，有一个“人口稠密区”概念。如果人口总计5000人以上，且1平方千米面积上的人口密度超过4000人，即算作人口稠密区。在人口分布研究中，这个概念已经具有研究的可操作性。不论一个居民区是否拥有社团或城市的法律地位，符合这个要求的居民点，如果与毗邻的类似居民区在空间上有一定分离度，这个居民点就可以被看作小型城市。从欧美国家的人口分布情况看，即使是这种小城市，也不可能太多。

美国各州对城市没有统一定义，而联邦政府的统计部门也是从人口集中度来区别城市与乡村。它的规定是将总量超过3000人，且人口聚落区的核心区1平方英里（约2.6平方千米）人口达到2500人以上的区域看作城市。

乡村的小型居民点概念

欧美国家城乡分野的形成，基本是一个自然过程。随着城市化的逐步推进，农业专业化水平不断提高，乡村地区专业农户的耕作面积越来越大，农户居住也越来越分散。专业农户的分散居住方便耕作，而脱离农业的居民集中到城市居住，也可享受到城市的种种好处，但这种分类居住不能在短期内自然形成。农业迅速现代化的国家，专业农户可能与其他非农业居民毗邻而居。因为专业农户的生产设备对土地使用有某种特殊性，例如，专业农户的车辆与农机对道路的要求不同于城市的要求。专业农户的日常生产活动会给其他居民带来负的外部性。政府按城市标准去建设基础设施，也会降低投入的效益。于是，有的国家，如丹麦，有专门法规要求农场主的常住地必须是自己的农场。类似法规强化了乡村地区居民分散居住的趋势。

一些国家的“土地开发权转移”政策也促成了农场主居住的分散化。此概念最早起源于美国，是一种创新性的土地开发控制手段，其最早在纽约等大城市进行尝试，后在其他地区得到推广。因为地方政府的土地分区规划政策限制了农业用地转为建设用地的自由权利，等于剥夺了农业用地主人的发展权，可能造成业主的利益损失。补偿的办法是将业主的发展权资本化，允许他们出售给需要建设用地的投资者。这种能被资本化的土地面积由政府按一定规则予以核定，面积大小通常与农场的总面积有关。这种政策类似于我国政府实施的“增减挂钩”试点政策。在这一政策之下，乡村地区的农场主便减少了在自己土地上的非农业开发，使得农业区人口更加稀疏，以致乡村地区多分布由一两户人家构成的小型居民点。

从笔者的初步观察看，欧美国家至少部分乡村地区的小型居民点处于某种“不完全政府”的“治理”之下。这些居民通过不同渠道，来满足自己对公共品的需求，并非处于一个架构标准的政府的管辖之下。

典型情形如美国。教堂、学校、合作社等机构都可能为农区居民提供公共服务，县政府则可能为他们提供基础设施服务。他们在“选区”参加政治活动，而毗邻的城市政府则可能承担与选举有关的服务事项。一定片区的农场主构成一个熟人社会，熟人彼此之间也可能提供某种公共服务，在这种熟人社会结构中，可以存在某种秩序，也是某种服务，但却没有正式的公共权威，大家不需要为这个系统纳税。这种情形使得美国农场主一般具有保守主义的政治倾向，使其成为共和党的政治基础。这种政治倾向会加强农场主保护农场环境、反对政府干预的鲜明态度，这可以解释为什么在美国这样高度发达的国家，还会存在具有显著的传统色彩的乡村社会。

我们由此受到的启示是，解决所谓“城不像城，乡不像乡”的问题，不是一个简单的事情。

（作者为中国社科院农村发展研究所研究员）

我们真正的都市圈并没有形成

李　铁

中国最近关于“都市圈”的提法比较多，但是真正跟国际比较，我们对这个问题还存在着比较大的认知差距，也存在着统计上的问题。

和东京、首尔等东亚地区高速增长的城市化地区进行比较，我们还有比较大的差距。所谓的“都市圈”，里面有多少城市？1000万人口以上的城市，东京、首尔、北京、上海都是各一个。但北京只有一个主城区，其5万至20万和20万至50万人口城市的数量远远低于东京。

这说明我们虽然有都市圈和核心区，但是真正的都市圈还并没有形成，周边的中小城市还处于发育期，政策好发展得快一些，政策不好就受到严格的限制。

决定都市圈发展的重要因素是周边的交通分布

决定都市圈发展有一个非常重要的因素，就是都市圈周边的交通分布。

将全世界千万以上人口的知名城市进行比较，我们会发现：东京市郊铁路2000多千米，地铁304千米；伦敦800万人口，周边城市轨道交通3242千米，地铁415千米；纽约市郊铁路1632千米，368千米的地铁；巴黎核心区200万人口，大区80万人口，1883千米市郊铁路，215千米的地铁；首尔市郊铁路269.8千米，地铁和铁路差不多；北京是82千米市郊铁路，地铁554千米，地铁公里数超出其他城市；上海市郊铁路56.4千米，地铁617千米。

通过对比可以看出，我们把重点放在了都市的核心区，不同程度地忽视了周边中小城市的发展，所以我们感觉到北京和上海特大城市病的问题非常突出。

这些数字很有意思，说明我们未来十年、二十年之内，北京周边的轨道交通如果政策得当，会得到比较大的发展，要像东京和纽约看齐。

我国有6个千万人口以上的城市，500万以上的有21个，100万以上的有134个，这个在全世界都是没有先例的。美国3.6亿人口，百万城市只有9个。由于大城市、特大城市过度发展，城市病的问题，基础设施的跟进问题，现在非常突出。

为什么我们到一些发达国家会感觉到方便呢？实际上他们的城市发展路径并不像我们之前想象的，一定要向特大城市集中。我们把国家和人口进行规模化对比后发现，差距就在于5万到20万和20万到50万人口的城市。相比这些千万以上人口的城市，中国20万到50万人口的城市数量远低于德国、法国、日本和英国，基本是德国的1/3，日本的1/7到1/8。

等级化城市管理体制推动了大城市、特大城市的发展，忽略了中小城市的发展

这些年中国城市化的发展，虽然取得了很大的成就，但是有一个问题，就是我们的城市管理体制过多地把资源集中在特大城市。为什么中国百万以上人口的城市多，就是因为我们的等级化城市管理体制，通过行政的方式调动资源，推动大城市、特大城市发展，忽略了中小城市的发展。

我们要想真正解决未来城市发展难题，就要打破等级化的行政管理界限，突破区域封锁，来按照市场的机制推动中小城市发展，这方面有很多功课要做。比如，怎样解决人口、土地要素流动的问题？怎样更好地建立一个使中小城市能在平等基础上和各类行政等级高的城市开展公平竞争的机制？

还有一点，我们在研究都市圈和城市群的问题时忽视了一个非常重要的体制

现象：我们的城市群、都市圈，大多数是以行政区划为界限，所有的资源配置是按照行政区域申报的。这样会出现什么样的结果呢？行政区域所配置的资源与其等级和公共福利配比，行政等级越高的城市，福利越好，自我循环越强，这就使外部的要素很难双向流通。而且在中国的行政区域管理下，城市和城市协作性弱，竞争性强。

怎么在这个体制下让城市的资源、要素更畅快地流通，甚至交通沿线自动产生新的城市生长点，促进中小城市的发育，可能对未来中国城市的格局，中国城镇化空间格局的合理分布，人口的合理分布，起到非常重要的推动作用。涉及城市化的问题，有很多很多话题，但是说起都市圈的问题，中小城市的发展问题，核心就在于改革，改革现在等级化的划分体制，打破行政区域的公共服务配置制度，通过市场要素来确定基础设施的供给，打破空间的孤立的利益结构，这是未来解决都市圈发展的最重要的改革课题。

（作者为国家发改委城市和小城镇改革发展中心主任）

何为城　何为乡

徐建国

周其仁教授在《城乡中国》开篇中说：“中国很大，不过这个很大的国家，可以说只有两块地方：一块是城市，另外一块是乡村。”简单一句话，道出了中国社会的一个基本事实，这个国家是分为“城”和“乡”的。相应地，中国的十多亿人口，也分为“城里人”和“乡下人”。要理解“城乡中国”的事情，对这“城乡分割”不可不察。

“城乡分割”，或者“城乡二元”，大家都耳熟能详了。可是，这“城”和“乡”，区别到底在哪里？二者是天然对立的吗？也未必。远的不说，前总理朱镕基在考察时曾感叹曰：“走了一村又一村，村村像城市；走了一城又一城，城城像农村。”看来，“城”和“乡”之间，也没有不可逾越的鸿沟。

抽掉细节的不同，城市和乡村都应有道路、学校、医院、商店、银行、邮局等公共设施，都需要栽树搞绿化，都需要处理垃圾，都需要供电、供水、供气、铺设有线电视光缆等等。

不奇怪，城里人和乡下人是一个物种，生活的需求是一样的，需要的东西也差不多。

看起来，城市和乡村最大的区别在于产业，农村以农林牧渔业为主，城市以工业、服务业为主。产业上的区别，带来城乡之间的另一个重要区别，就是人口密度。

农业的基础是光合作用，需要在大面积的土地上铺开，而且考虑到交通的因素，农村和耕地不能太远，要交叉分布，因此，传统乡村的人口密度不能太大。城市则不一样。工业、服务业对土地面积的要求低很多，不需要大面积铺开，可以聚在一起。

人类文明史的一个基本规律，是村落、城市的发展壮大。在社会学、经济史的研究中，城市的规模往往代表了一个文明的发展水平，有人甚至说城市是人类“最伟大的发明”。这个“最伟大的发明”的由来与动力，值得进一步研究。粗粗看起来，人们是倾向于聚居的，先是聚在村子里，后来又聚在城里。从这个角度看，城和乡，不过是聚集程度不同而已。

倘若拉长历史，“城”和“乡”的界限，就会更加模糊。大约在1.1万年前，人类进入新石器时代，世界各地先后发生了一场“农业革命”，人类开始大规模驯化动物、培育植物，种植、饲养取代采集、捕鱼、狩猎成为主要的生产方式。相应地，游牧的方式逐渐让位于定居，村落开始出现，并且规模越来越大。

其实聚居也不是人类特有的活动，蜜蜂、蚂蚁、海狸都有着复杂的聚居形式，并且是高度分工的，而且还学会了改造居住环境，就像人类一样。

人类和其他物种的“聚居”，或者并不是“天性使然”，而是生存的需要。狩猎的过程中，必然需要一定的合作，这样才能捕捉大的凶猛的动物。即便是捕猎弱小的动物，“围猎”的效果也要远远超出单打独斗。到了农耕时代，驯化动植物的知识，也需要在聚集的人群中才好交流、保存和传承。考虑到当时文字还没有出现，语言还很不发达，聚集对于交流是至关重要的。此外，聚集对于安全和防卫，显然也是重要的。

从这些人类早期的进步中，我们可以更清楚地看到人类进步的源动力：交流和合作。没有交流和合作，知识很难被积累，生产很难进步，人类不可能走出丛林，走上平原，走进城市。尤其在早期，每一步可能都很艰辛。至此，我们可以看到，交流与合作是人类聚居的根本原因。

村庄是一种聚居，城市是更高程度的聚居。当生产进步了，粮食产量增加并且可以长途运输和储存时，人类可以达到的聚居程度就增加了。这时候，更多的人就可以聚居到城市，进行更多的交流与合作。人类的历史，也因此更加精彩。

（作者为北京大学国家发展研究院教授）

新型城镇化与市民化面临的问题

李　强

新型城镇化的对立面是旧的城镇化，旧的城镇化的问题在哪里呢？在于比较狭隘地理解城镇化，以为城镇化就是盖房子，就是土地开发，让农民上楼。但是，农民上楼后，相关问题解决了吗？并没有。

新型城镇化之所以新，关键是突出了以人为核心，以人为核心的城镇化所涵括的内容十分广泛，我认为最重要的是四个方面，即作为城镇化主体的人自身的生产方式、生活方式、文明素质和社会权益所发生的重大变化，这四个方面就是人们进入到现代文明体系的过程。

对于我们来说，从生产方式来看，人的城镇化具有重大意义，中国正经历着全世界历史上最大规模的城镇化进程，人们面临的不仅是居住方式的变化，更重要的是生产运作的体制、机制所发生的变化，即产业形式的变化。我历来认为城镇化不意味着放弃农业，其实农业也可以进入到现代产业链条，用一些技术标准去要求。除了农民、农民工进入到城镇工业、服务业就业，完成市民化的形式外，还可以让农民就地城镇化，学会和接受现代产业运营方式，这也是城镇化的重要方式，即劳动者与现代产业运营方式接轨。

人的城镇化表现在生活方式的转变上，是指农村居民进入和融入现代文明的生活方式的过程。最近一些地方政府简单地提出用户籍取消来解决问题，但我认为生活方式的转变并不是户籍名称的转变，而是真正实现生活具体内容方方面面的转变。为此，需要建立城市生活方式指标体系来测量。比如华西村、高碑店，虽然名义上是农村户籍编制，但已经实现现代化生活方式转变，因此现代化的生活方式是一个核心要素。

城镇、城市生活也要求每一个人具有较高的公共意识和公民素质，人的城镇化也是指参与城镇化的每一个人的文明素质的形成。城镇人口聚集，人必须要接受现代文明训练。我们传统农村以及不少地方确实缺乏这方面的训练。在城镇、城市尤其是大城市，如果不遵守公共秩序、公共卫生规范，人口密集、巨型人口的乘数效应就会造成巨大灾难。

我们这个民族自古就是城乡分野，古代城里人叫国人，乡下人叫野人，那个时候中国是全世界盖城墙最多的国家，筑城就是把城里和城外分开，所以我们国家的城乡分野不是今天形成的，有长期的历史原因。城乡分野、城乡分割的二元体制的突出问题是权益上的不公平、不公正。为此，城镇化就要建立和完善一整套包括权利公平、机会公平、规则公平的制度、体制、机制。

其实城镇化和市民化是中国历史上一个巨大的进步，倘若有一天真的能让绝大多数人口市民化，这种市民化除了指生产方式、生活方式和文明素质的改变，更多的应该是指让绝大多数人口享受到和城市居民一样的公共福利、社会保障，意义十分重大。当然难度和压力也是很大的。

全世界社会福利保障做得比较好的，往往是人口较少的地区，例如北欧斯堪的纳维亚半岛地区，包括丹麦、瑞典、挪威、芬兰等，大多为几百万人口的国家，而中国的社保养老全覆盖是针对13.7亿的人口规模，压力可想而知。

最近我们在全国范围内进行了一次抽样调查，首先是关于农民工是否愿意回到农村。调查表明，70%以上的农民工不打算回乡就业，80%的农民工不愿意再选择在农村工作，老一代还好，越年轻的越不愿回乡务农，只有3.8%的“90后”农民工表示，能够或愿意回村庄务农。

其次是关于市民化过程中农民愿意选择留在哪里的问题。结果发现80%的农民工愿意选择在县级或县级以上的城市定居，而全国农村户籍人口中，有超过20%的人已经在各级城市中购房。农民想进城有两个目的，一是孩子上学，二是老人就医，而好学校、好医院都在县或县级以上城市中，在具有一定规模、集约性和融合度比较高的城市里。

可见，未来中国城镇化、城市建设，突出县城和县级以上城市发展具有合理性，人口聚集到一定规模创造的就业机会倍增，规模大一些的城市竞争力强。

推进市民化和城镇化，城市需要从就业、户籍、子女教育、保障四个方面来推进各项任务。

如果我们没有为农民创造一个就业体系，没有给他们培训出他们能够适应就业任务的技能的话，城镇化就是空话。就业是城镇化的核心，我们在城镇化的样本调研中也证明，所有做得好的地方都是创造了新的产业链条，因此，城市需要做好两件事，一是提供新的产业机会，二是给农民工做好就业培训。

根据分类指导原则，分层次、分阶段推进户籍制度改革。最难的在于超大城市，目前超大城市放开户籍政策仍不太现实。应根据实际情况，在多种类型的城市尝试适度降低户籍门槛和准入条件，对于绝大多数大中城市而言，则应进一步实验如何降低准入条件，鼓励和吸纳更多有条件的农民工进城落户，小城市则应全面放开。率先实现市域、省域内的人口自由流动，再逐步推进跨省流动。

最近，国务院关于支持农业转移人口市民化的文件提出，要将农民工随迁子女的义务教育纳入公共财政保障范围，还提出要逐步完善并落实中等职业教育免学杂费和普惠性学前教育的政策，这些政策对于解决农民工子女教育问题会起到积极作用。

实现包括户籍人口和流动人口的常住人口的保障覆盖，将是城市面临的重要难题。在社会保障方面，现阶段先行推进省域范围内的社会保障统筹，江苏、广东等地已开展省内统筹的实验，其经验值得借鉴。在此基础上，逐步制定并完善全国范围的社会保障跨省转移续接办法，可在农民工流出大省和流入大省进行社会保障转移支付的跨省实验，并逐步向全国推广。

此外，农村核心是土地问题，农民最大的资源仍然是土地，包括宅基地和耕地。目前，有些地方做过土地流转和资产抵押试验，土地问题处理得好，有利于中国农村的改革，对于推进新型城镇化和市民化都大有益处。

（作者为清华大学社会科学学院院长）

大数据是智慧城市的重要资产

邬贺铨

城市大数据是智慧城市的重要资产。我们通过各种各样的数据库，包括人口库、法人库、地理库、经济库等，建立政务云、行业云、工业云，通过数据融合、挖掘数据、共享数据，支撑我们的智慧城市。感知城市、无线城市、数字城市、宽带城市，是智慧城市的必然要求。创新城市、人文城市、平安城市、幸福城市、海绵城市、宜居城市、健康城市、绿色城市，是智慧城市的题中应有之义。

大数据与政府公共服务。美国规定1/4的政府信息技术预算要用到云计算上面，就是说利用云来管理。我们有些地方政府不自建云，跟阿里等合作。有些政府把地方政府的数据都搬到阿里云上面，阿里帮它分析，也有很多政府没有把数据放到阿里云，而是让阿里帮其建一个云，把阿里的分析工具引进到政府的云里头，利用阿里的技术来帮着分析。腾讯把政府的微信公众号纳入到腾讯的微信城市服务里，一方面帮着政府来分析一些应用，另一方面也实现对政府的监督。当然，阿里、腾讯也希望借此获得政府的一些数据。

大数据与交通管理。例如，以色列特拉维夫有很多摄像头，通过这种摄像头可以看到不同时间、不同马路的交通状况：是交通拥堵，还是交通管制，还是交通事故。重要的是，通过大数据，把所有现象组合起来，实时发到每个驾驶员、行人那里。驾驶员和行人可以据此来选择迂回的路段。我在北京也看到不少交通显示屏，可是有时我看到显示屏的时候，实际上处于前进不得也后退不得的状况，这就说明我们的大数据应用还有待改进。

大数据与环保。在美国密西西比河，一个装置沉到水底取样，升到水面再取样，然后把污染检测的结果通过卫星回传到后台，后台通过云计算、数据中心、大数据挖掘，得出河流的污染状况，然后做一个数字化河流的模型，点击网上河流的某一点，就知道这个点的污染状况。我们国家很多地方，像上海就测试了全区的排放量、地表水质量、噪声。无锡在太湖上也放了很多的传感器，但它不是活动的，而是固定的，当然也能测出不同位置的污染状况。

大数据与社会治安。美国的毒品现在已经不敢露天种植了，因为卫星、无人机、飞机都可以监测到。一些人就在大城市里租或者买一个大房子，拿花盆来种大麻等毒品。没有阳光，就用LED灯来照明。这种情况靠飞机就查不着了。于是，美国把电力公司的大数据收集来。一般的人家用电灯，是晚上用得多，白天用得少，而这种地方是白天、晚上都用。所以，美国根据电力的消耗来判断某个建筑物内是否有问题。

大数据与城市发展。上海主办开发数据大赛，包括城市道路、地铁、一卡通、公交车、出租车等，面向全球征集怎么改善交通、便利市民以及怎么创新。广州鼓励所有骑自行车的人，若发现什么地方不好，就拍下来，然后上传到网上，政府通过这样的措施优化管理。

大数据在农业研究、金融市场、气象预报、新闻报道等方面已经应用得很广泛。比如，沃尔玛基于每个月网购的数量判断客户购买物品时的喜好，优化商品柜台的排列，销量猛增；印第安纳大学学者从成千上万的留言中把微博分成六种心情，从中算出的道琼斯指数，准确率高达87%；Target是美国排行第二的超市，女性顾客很多，孕妇最舍得买东西。Target列出最受孕妇欢迎的商品单，购买此单上商品的顾客很可能就是孕妇。

大数据、智能化、移动互联网、云计算，以及物联网结合的大智移云代表了信息技术发展新阶段的时代特征。大数据支撑了社会的精细化管理和智慧城市的建设，是提升管理和服务的重要抓手。

我国大数据还有很长的路要走，还面临很大的挑战。作为世界人口第一大国，我国产生的数据量极为庞大，但真正存储下来的数据仅仅是北美的7%、日本的60%，而且我国所存的数据应保护的有一半未保护。比如，我国在医疗健康、交通治理、环保等方面的研究还不足，还存在数据分散、监测的覆盖率较低等问题。另外，我国一些部门和机构拥有大数据，但是难以共享，导致信息不完整或重复投资，有数据的不挖掘、不应用，想挖掘、想应用的没数据。要解决这个问题，政府要更积极地作为。

（作者为中国工程院院士）

仅靠改变行政区划的城镇化难增改革红利

蔡　昉

从统计上把中国目前城镇化推进的方式或具体渠道做一个分解，有助于帮助我们预测未来城镇化的趋势。这项分析表明，中国城镇化的源泉，或者说城镇人口的增长只有16%来自于城市自身，我们把它叫作“自然增长”，其他的84%都是“机械增长”，即从非城市地区迁入的。在机械增长的城镇人口中，26%是由外出农民工构成的。农民工常住在城镇却没有城市户口。此外还有5%的人口，属于人户同迁，即从农村转到城市的同时也得到了城市户口。贡献最大的即53%的城镇人口，来自于“就地转移”，即工作性质没变，居住地没变，仅仅因为行政区划即城乡区域界定的变化，如“村”改“居”、“乡”改“镇”、“县”改“市”或“区”等，使这些人的户籍身份也随之而变。这个因素对目前统计上的城镇化贡献很大，但是并不充分体现城镇化的功能。

因此，真正有意义的是农民工进城对城镇化的贡献，如果能够保持以往的增长势头，我们的城镇化就具有可持续性。按照这个思路预测未来的城镇化，可以看到：目前，我国的城镇化率是56%，到了2020年大约是60%，但迈向2030年的时期速度将慢下来，预计2030年城镇化率只有67%。而且，即使这样减慢的城镇化，也需要依靠每年几百万到上千万的农民工继续从农村转向城市，也就是说需要仰仗于农村人口的继续转移。那么，这部分人口的变化趋势如何呢？

其实，每年城镇化中农民工的增量，主要是初中和高中毕业后不再升学的农村人口，即16—19岁年龄段人口。2014年，这部分人口已经达到了峰值，从2015年开始已经进入负增长时代。与此相应，外出农民工的增长速度也必然下降，2015年仅为0.4%。为了避免与此同时出现的城镇化减速的趋势，我们需要以人为核心推动新型城镇化，也就需要深化相关领域的改革，并由此获得立竿见影的改革红利。具体来说，通过户籍制度改革加快以人为核心的新型城镇化，是保持城镇化速度的关键，从而提高经济潜在增长能力。

我们曾经做过一个模拟，在2011到2020年期间，如果每年非农产业劳动参与率（即劳动力供给）能增加1个百分点，对应这个时期的GDP潜在增长率会增加0.88个百分点。类似地，如果全要素生产率的增长速度提高1个百分点，对应的GDP潜在增长率则高达0.99个百分点。可见，户籍制度改革带来的效果是实实在在、显而易见的改革红利。推进户籍制度改革，应该强调三个方面。

一是真正认识到改革是能够带来红利的。总体而言，改革与增长之间的关系，既不是非此即彼，也不是此消彼长，而是改革可以提高潜在增长率。至于户籍制度改革，更是具有立竿见影的效果，即通过推动农民工的市民化增加劳动力供给，通过促进劳动力转移，保持资源重新配置效率不断提高，进而提高全要素生产率。

二是合理分担改革成本和分享改革红利。即使认识到改革能够带来红利，但这个红利能否得到，仍然决定了改革是否激励相容。户籍制度改革特别是实现基本公共服务均等化是有成本的，目前来看，城市政府推进改革必然要承担这项成本，但它带来的改革红利，特别是对于潜在增长率的提高，则不是能够完全排他性地被当地城市政府获得。改革成本和改革收益就产生了不对称性，这时必须做出恰当的制度安排，不仅在市民、企业和政府之间，而且在不同级别政府之间分担改革成本，分享改革红利。预期明确才能达到激励相容，才可能按照中央部署及时推进改革。

此外，我们还应该强调的是，任何改革都要把目标定在体制机制的转变上，而不要用指标做引导加以推进，这一点非常重要。如果单纯追求指标性改革，一些地方就可能考虑以重新划分城乡界限的办法，通过就地转移的方式，提高户籍人口城镇化率。但是，这种变化不会带来资源重新配置效率，也不实质性增加劳动力供给。只有以农民工及其家庭的市民化为核心，户籍制度的改革才能着眼于资源重新配置，推动新型城镇化，获得提高潜在增长率这一改革红利。

（作者为中国社会科学院副院长）

从增长到减贫：把激励搞对

钱颖一

“把激励搞对”既是我国经济改革成功的经验，没有“把激励搞对”也是目前许多问题的症结。《经济增长的迷雾》一书虽然没有分析中国的情况，但由于中国面临类似的问题，它对我们非常有启发。

经济学魅力在于理解政策制定的初衷和结果之间的真正关系

阅读这本书，使我们可以领略经济学理论的魅力和经济学家对数据的实证分析的力量，从而理解政策制定的初衷和结果之间的真正关系。

在过去的20年中，经济增长再次成为主流经济学的热门研究课题。在理论上，“内生增长”理论起了重要的推动作用。更重要的是，在经验实证方面，新的思路、新的数据和新的计量经济学方法，将对增长的实证研究推向了新的阶段。比如，除了物质资本、人力资本等传统变量外，经济学家也把有关地理的、开放的、制度的、法律的、政治的，甚至文化的变量包括在增长模型中。又比如，在数据分析中使用工具变量方法用以确定变量间的因果关系。应该说，今天我们关于经济增长的知识比20年前大大提高了。

与此同时，发展经济学领域无论从关注的问题到研究的方法都发生了重大变化。在20世纪70年代以前，受计划经济的影响，发展经济学的热点研究方向是发展战略，思路中政府干预经济的色彩浓厚。后来，这些“大战略”多在实践中失败，这导致80年代后发展经济学转向研究发展中国家的微观问题。比如，农户的消费和储蓄行为、信贷市场的失灵和补救等等。虽然在研究方法上小心求证，结论更为严谨，但多与发展中国家关心的重大问题关系不大。90年代以后，部分地受到转轨经济的影响，发展经济学重新回到研究重大问题上，比如制度、政府和增长对发展中国家的经济的影响。

一国的经济增长是减少贫困的重要推动力

《经济增长的迷雾》这本书正是在这一背景下的研究成果。它研究的是穷国的经济增长问题。减少贫困是所有发展中国家共同关心的主题。几十年的经验表明，扶贫是一项艰巨和困难的任务。事实表明，仅仅出于好的动机是远远不够的，甚至好的动机还可能引出坏的结果。比如，单纯地增加对贫困地区的资金和外国援助并没有达到好的减贫效果，反而增加了腐败。本书的出发点在于说明经济增长对减少贫困、提高发展中国家的福利至关重要。这是有事实根据的。

本书所引的经验证据表明，一国的经济增长是减少贫困的重要推动力。经济学家根据对65个国家在20世纪80年代和90年代数据的研究，发现高速的经济增长导致贫困率快速下降，而经济衰退则导致贫困率上升。比如，如果一国的人均收入每年下降9.8%，那么该国的贫困率每年增加23.9%。反之，如果一国的人均收入每年增长8.2%，那么贫困率每年减少6.2%。因此，GDP增长并非像一些人批评的那样——是一种神话，GDP不仅对一国的发展有益，对减贫也非常重要。

用事实说话，尖锐批评了一个又一个
所谓启动经济增长的“灵丹妙药”

本书用理论指导，让事实说话。它有两大主线。首先，本书尖锐地批评了一个又一个的所谓启动经济增长的“灵丹妙药”。这些药方大多是从经济理论中推导出来的政策。但事实证明，它们大多在现实中是无效的。本书对这些药方，包括增加外国对穷国的援助、增加国内投资、提高教育水平、减少人口、与改革挂钩的外国援助、外债减免等等作了分析。从对数据的分析上看，它们都没有起到提高穷国经济增长的目的。这不是一个理论问题，而是一个经验问题。

为什么呢？作者认为，这不是经济学的失败，而是没有很好地运用经济学的基本原理的失败，这就是有关人的激励问题。这构成本书的第二条主线。作者认为，激励来自三个方面。一是不发达国家或地区的政府的激励。如果外援落在一个腐败的政府中，它当然不会提高增长。如果外债减免给予政府今后可以得到更多贷款的激励，这种减免也不会对增长有益。二是私人部门的激励。如果私人部门从“寻租”中获得的好处大于从生产中获得的好处，那么这种激励将指挥他们致力于重新分配蛋糕而不是把蛋糕做大。在不少国家，表面上看似对穷人有利的福利政策，反而成为对穷人努力的惩罚，因为一旦他们经努力脱离贫困，便失去了福利。三是援助者的激励。外国政府、国际组织或非政府组织，它们往往有其他的目的（政治目的、生存目的等），并不同受援国经济增长的目标完全一致，这就使得援助的效果受到影响。

没有“把激励搞对”是发展中国家经济增长的最大障碍

从对这三个方面的分析，作者的结论是：没有“把激励搞对”是发展中国家经济增长的最大障碍。那么，“把激励搞对”是不是又一副灵丹妙药呢，作者认为它只是一个经济学原则，而不是一剂处方。把这一原则付诸实践，必须根据具体情况加以实施。这正是本书作者认同的所谓“增长共识”。经济增长和扶贫问题具有全世界的共性，具有一般性的规律。中国自然也在其中。“把激励搞对”既是我国经济改革成功的经验，没有“把激励搞对”也是目前许多问题的症结。

在不少发展中国家，坏政府往往是经济增长的杀手。那么什么情况下更容易产生坏的政府呢？作者发现多利益集团下的弱政府往往导致“公地悲剧”，因此产生坏政府。这是因为缺乏共识，多元化集团组成的松散联盟更可能采取“杀鸡取卵”的经济政策，摧毁私人创造财富的积极性。本书通过事例说明，这种情况在多种族的国家（如非洲的一些国家）和贫富差距过于悬殊的国家（如拉美的一些国家）更容易产生。

对关心增长和减贫问题的读者，《经济增长的迷雾》是一本值得一读的书。

（作者为清华大学管理学院院长）

白领和蓝领的区别还会延续多久

厉以宁

中国经济发展到现阶段，劳动力成本的上升和熟练劳动力供给的不足，已经越来越明显。劳动力技术水平的提高和劳动力整体素质的升级，也已经成为经济进一步发展的迫切要求。如果不从劳动力供给的源头上想办法，让熟练劳动力能跟随经济的发展和产业升级而有稳定供给之路，势必关系到中国能否成为现代化国家，即能否引领国民经济和技术创新继续前进。因此，目前全国经济界对这些问题的密切关注，是有根据的。

蓝领作为体力劳动者的代号不是不会改变的

西方发达国家的工业化、现代化过程已经清楚地告诉人们，当蓝领的体力劳动者通过自己的努力而成为技工、熟练技工之后，他们的收入状况和生活条件是会相应地发生变化的。蓝领作为体力劳动者的代号不是不会改变的，更不能认为蓝领工作者会永远被定位于次等劳工市场，定位于“坏职业”。

蓝领技工和熟练技工在收入提高后，完全有可能成为中产阶级的一员。家庭农场主也是这样，他们也完全有可能不再以过去的农民的姿态出现于乡村。家庭农场主不仅会以农业、养殖业、畜牧业、林业中的新型市场主体代表者的身份出现，而且还可能以新型农业企业家的面貌出现于市场上。他们的收入增长后，同样会进入中产行列。完全有理由把这些务农者称为蓝领中产阶级的一员。

蓝领中产阶级的成长还告诉人们，在一个既重公平又重效率的社会里，这一事实本身表明了公平和效率是可以同时实现的，而且公平和效率可以处在相互促进的状态。社会水平流动渠道的畅通，已经在工业化、现代化的过程中反映在人们跨地区、跨城市、跨行业的流动中，既体现为公平选择住处、工作地点和所中意的职业，又体现在力所能及的条件下使夫妻团聚、父母与子女团聚的权利得以实现，也体现为将人们的积极性发挥出来。效率正是在这种动力下提升的。公平促进了效率的提高，效率同样反映了公平的实现。公平和效率之间并不存在此长彼消的关系。

此外，还应当指出，蓝领中产阶级的成长告诉人们，在依法治国的理念下，只要实现了机会均等，只要劳动者勤于工作，努力学习，不断增加知识和技能，无论受雇于人还是自行创业，都会有收获。社会垂直流动渠道的畅通，使每一个勤奋进取的工作者都会有前途。这将是社会风气的巨大转变，人们会记住，未来的前途主要来自个人的努力，而并非依赖于家庭出身、父辈的门第或者祖上留下的遗产。蓝领工作者必须懂得：成就是通过拼搏才能获得的。已经取得成绩的大批创业者和在工作中做出成绩的人都是榜样，都是自己学习的榜样。因此，蓝领中产阶级的成长定将成为一面面旗帜，鼓励着更多蓝领体力劳动者的上进心。

西方国家蓝领中产阶级成长以及中产阶级壮大的背景

从西方各国工业化的进程来分析，传统生产方式之下，“金字塔型”收入分配结构是十分牢固的。土地，当时是最重要的生产资料，大部分掌握在贵族、地主手中，除一部分自耕农拥有自己的田产外，佃户和雇农没有土地。这种情况不改变，“金字塔型”的收入分配结构不可能变更。西方国家一般都是在进入工业化中期以后，其收入分配结构才逐渐由“金字塔型”转变为“橄榄型”或“鸡蛋型”的。工业化中期以后，中产阶级之所以逐渐壮大，大体上有以下五个原因：

第一，技术进步和管理的要求。这与工业化过程中技术进步和管理工作的日益复杂化、专门化、精细化有关。从事技术工作和管理工作的人通常被称为白领，区别于从事体力劳动的蓝领。白领工作者人数的增加和他们收入的上升使他们有可能首先上升为中产阶级的成员。在这里，白领也包括自由职业者，如律师、医生、艺术家、作家、会计师事务所的自由工作人员等。

第二，自行创业者增多。工业化导致经济持续增长和市场日益扩大，由此带来的一个明显后果是社会上自行创业的人越来越多。只要他们选择了自行创业这条路，就会既从事白领工作，也从事以体力劳动为主的蓝领工作。

第三，受教育机会趋于均等。西方国家在工业化进展到一定阶段之后，社会上对于受教育机会均等的呼声越来越高。社会各界的呼吁终于被进入工业化中期的西方国家政府所接受。

第四，社会流动性增大和上升机会的涌现。社会流动性增大和中产阶级队伍的扩大之间有着密切的关系。在西方国家的工业化进入中期以后，社会流动性增大和中产阶级队伍扩大之间的关系更为明显。一方面，社会流动性增大既包括社会水平流动的渠道更通畅，也包括社会垂直流动的渠道相对于过去而言已有较大的改善。经济中开始出现“社会流动性增大——效率提高——工作者积极性涌现——工作者收入上升”的良性循环。另一方面，社会流动性增大使得有技术和管理专长的人有了较多的职务提升机会。这是因为，职务提升机会的增多离不开中高层技术和管理职位的增多，而企业中的中高层技术和管理职位的增多又离不开经济的发展和市场的扩大。这表明，在工业化继续推进过程中，企业中高层职位的增多，为中产阶级队伍的扩大提供了条件，这已经是近些年来西方国家的常情，被不少研究者注意到了。

第五，新行业的成长。有必要指出，在西方国家继续推进工业化的过程中，市场的扩大和新行业的成长也是中产阶级逐渐壮大的一个主要原因。新行业的成长，为大批相关的技术人才、管理人才、营销人才找到了用武之地，从而也促成了这些专业人才的收入的增加和职务的提升，进而为中产阶级队伍的扩大提供了有利条件。

白领和蓝领的区别还会延续多久

在传统生产方式之下，从事不同职业的人并没有被划分为白领或蓝领。甚至工业化开始后很长时间内，也没有白领、蓝领之类的称谓。工业化过程中企业雇佣的办公室人员，逐渐被称为白领，而企业雇佣的从事体力劳动人员，则逐渐被称为蓝领。工业化进入中期以后，白领工作者和蓝领工作者之间的界限日益明显。蓝领被视为从事体力劳动的工人的代称，而且受到轻视。收入较多和收入较少，劳动强度稍低和劳动强度较大，较多机会被提升职务和很少有机会被提升职务，被视为区分白领和蓝领的主要标志。久而久之，这种区别在工业化推进过程中就习以为常了。

由于白领和蓝领之间存在着收入差距，而且受教育状况也有差距，所以“白领中产阶级”一般比较常见，“蓝领中产阶级”并不多见。尽管蓝领中有些人成为技工、熟练技工甚至技师或者高级技师，但仍然不受重视。对蓝领工作者的偏见依旧存在。

实际上，中产阶级不仅是一个按收入水平确定和划分的概念，同时也是一个按照文化素质确定的概念。不能认为只有钱而没有文化素质的人会成为社会的中坚力量。中产阶级理应成为社会中坚力量，在这方面不能缺少文化素质这一要素。

文化素质，其中包括道德修养在内，应当是“白领中产阶级”和“蓝领中产阶级”的共同标准。有了文化素质和道德修养，“蓝领中产阶级”会和“白领中产阶级”一样成为社会中坚力量。

在科技进步、知识不断更新的环境中，如果今天还有人在区分干某些工作的是白领，干另一些工作的是蓝领，那么试问这种划分还能延续多久呢？也许再过若干年，不会有人再以旧的眼光看人了。到那时，说这个人是蓝领，说另一个人是白领，还有意义吗？当人们都在计算机旁工作时，你能区分谁是白领，谁是蓝领吗？也许连工作者自己也分不清了。

到那个时候，区分哪种工作是白领从事的，哪些人属于白领系列，哪些人属于蓝领系列，已经没有意义了。社会上也就不再有什么蓝领还是白领这种过时的、陈旧的分类了，这也许是不远的将来就可以实现的情况。如果大多数人都已经进入中产阶级行列，并且还有一些人即将进入中产阶级行列，又何必再区分什么“白领中产阶级”“蓝领中产阶级”呢？

（作者为北京大学光华管理学院名誉院长）

当前我国社会领域的结构性特征

杨宜勇　顾　严　万海远　魏义方

社会结构是由各种社会政策长时间作用的历史性结果，是一种“慢变量”或者是基础性变量，长期以来很多人认为是无法调节的。然而，事实上并非如此，在特别强调创新发展、协调发展、绿色发展、开放发展和共享发展的今天，我们不能只着重调经济结构，只擅长利用经济政策工具，而是要同时尽可能地调整不合理的社会结构，也要学会利用好社会政策等工具。

我国人口转变呈现出新的趋势，给经济运行各个环节和各主要方面带来深远影响

人口老龄化影响潜在经济增长率：劳动力传导机制失效。2000年我国60岁及以上人口比重达到了10.3%，进入国际公认的老年型社会。今后40年，老龄化将进入高速发展阶段，到2050年60岁及以上老年人口比重将达到37%左右，老年人口规模达到4.4亿左右。

与此同时，少子高龄化趋势日益显著。2000—2012年，我国0—14岁少儿人口比重由22.9%快速下降到16.6%，少子和无子家庭显著增多，已经成为中度少子化社会。与少子化相伴随的是日益临近的高龄化。2010年，我国80岁以上高龄

老人约为1700万人，占老年人口的9.8%；2020年增长到2700万人，占老年人口的11.7%，并进入高速增长阶段。

在我国人口达到峰值以前，劳动年龄人口已先行达到峰值水平。2012年我国15—59岁人口第一次出现绝对减少，比上年下降345万人。在劳动年龄人口中，青壮年劳动力减少的趋势更加明显。在现行政策不变的情况下，劳动年龄人口将持续减少，2030年后下降和老龄化的趋势会进一步加速。

当前，我国人口转变呈现出新的趋势，给经济运行各个环节和各主要方面带来深远影响。

一是劳动力供给减少，潜在经济增长率面临下行压力。改革开放以来，我们通过实施计划生育政策，有效降低了人口抚养比，劳动力总量的潜在优势不断转化为经济增长的现实动力，有力支撑了我国跃居“世界工厂”和制造业第一大国地位。然而，政策带来的红利在积累释放了30多年以后，正趋于弱化和消逝。世界银行等机构的研究表明，未来10年中国经济潜在增长率水平有可能从目前的9%下降至7%左右，其中劳动年龄人口减少是重要影响因素之一。因此，必须高度重视劳动力持续减少对我国经济下行带来的负面冲击。

二是人口老龄化不利于劳动生产率的提高，进而影响国际分工地位。劳动经济学的实证研究显示，随着年龄的增长，劳动力个体的生产率呈先增后降的发展态势，一般在40多岁时达到峰值，此后会明显下降。经济增长研究显示，人口和劳动力的老龄化，会加重社会负担，影响社会活力，明显弱化全社会的创新创造能力。这表明，人口结构老龄化和青壮年劳动力减少，会造成全要素生产率的下降。在产业结构调整过程中，如果不积极应对老龄化带来的劳动生产率减损，我国不但会失去传统劳动密集型产业的优势，还有可能丧失在新一轮国际产业分工中的机遇。

三是人口结构变动显著影响消费需求，也蕴藏着房地产市场风险。生命周期理论表明，随着老龄化的发展，居民储蓄率的变化也呈先增后降的倒U型路径，在进入中老年阶段后，人的储蓄率会降低，消费支出占比会提升。然而，由于退休金替代率的下降速度更快，绝对消费支出水平往往会出现下降。与青年型社会相比，老年型社会的总消费规模反而更低。尤其值得关注的是，老龄化与家庭结构小型化相伴随，短期内因家庭总数增加而刺激住房需求、推升泡沫；而从中长期看，人口减少最终会导致住房需求下降，出现房地产泡沫破裂风险。

当前的分配结构，不论是初次分配还是再分配，都明显不利于扩大内需特别是消费需求，制约了新的需求增长动力形成

收入分配结构严重影响扩大消费需求：购买力传导机制失效。在初次分配中，居民部门的收入份额呈下降态势，企业部门和政府部门的收入份额呈上升态势。1992—2013年，居民在初次分配总收入中的份额从66.1%降至61.6%，累计减少近5个百分点。同期，企业收入份额从17.4%升至25.3%，累计提高近8个百分点；政府收入份额从16.6%升至17.5%，累计提高近1个百分点。

政府部门在再分配环节的增收，得益于收入税和社会保险缴款，二者分别占政府经常性转移收入的46%和54%。收入税中2/3来自企业，1/3来自居民。社会保险缴费来自于居民部门，而且缴费收入规模仍然大于社会保险福利支出规模，前者比后者高出25%左右。也就是说，在再分配环节，政府从企业和居民两大部门获取转移收入（分别贡献30%和70%），再将转移收入中的40%左右返还给居民部门。

调整居民收入分配结构，关键是要实现低收入群体较多、底层社会有固化趋势、中等收入群体比重低且不稳定的“上字型”社会向两头小、中间大的“橄榄型”社会转变。既要促进低收入群体向更高收入等级转移，又要尽量减少中等收入群体向更低收入等级下降。总体来看，当前我国居民内部收入分配形态为“上字型”，具有以下特点：

一是大部分人都处于社会平均收入以下。2013年，按照收入五等份分组的城镇居民家庭中，居于中间位置的20%家庭的人均可支配收入为24518元，而城镇人均为26955元，平均数比中位数高出了10%，大部分城镇居民的收入低于平均水平；在农村居民家庭中，中等收入户的人均纯收入为7942元，而农村人均为8896元，平均数比中位数高出了12%，农村地区大部分人的收入也不及平均水平。

二是中等收入群体比重过低。目前我国中等收入群体数量偏小且不太稳定。按照三口之家人均收入2万元的标准，我国中等收入群体的比重只有10%左右，而且这部分群体在居民收入分配中所处的位置十分不稳定。以5年为一个周期，他们向更低收入

组转移的概率在40%左右，向更高收入组转移的仅占1/4，能保持在原等级的只有1/3。

三是低收入群体成为中等收入群体的阻力较大。城镇居民中的低收入户，2/3以上都会在5年的周期内维持其收入等级，向更高收入组移动的概率仅略高于30%，而美国的后一个比重为50%，英国和芬兰为60%左右。在一个处于转型阶段的国家，居民在各收入等级之间转移的状况应该更加活跃，而我国的情况是向下迁移的概率偏高、向上迁移的概率过低，中等收入群体不稳定，低收入群体进入更高收入等级的难度较大，底层社会出现一定程度的固化和刚性化趋势。

社会治理结构给经济持续稳定增长带来负面影响

尽管近年来我国社会组织快速发展，但社会组织的数量和发展质量还有待提高，社会组织的活力还有所欠缺，拉动经济增长的潜力仍大有空间。2014年我国社会组织增加值占第三产业增加值的比重仅为0.21%，占GDP比重在千分之一左右（也有研究指出官方数据低估了我国社会组织GDP贡献率，认为实际占比在千分之七左右），远低于发达国家以及全球平均水平。在规模上，当前我国每万人拥有社会组织数量不足5个，同样远低于发达国家（日本97个，美国63个，新加坡18个）。

在“互联网+”行动积极推进下，互联网与经济社会各个领域融合程度将进一步加深。互联网在使得识别社会风险点的渠道更宽广的同时，也带来社会风险点明显增多，传导更快，预判和应对的难度有所加大。当前社会治理中信息化手段运用还相对不足，信息化建设较为滞后，尚未形成信息共享、互联互通；运用新兴技术手段搜集舆情、获取民意的机制尚不健全；运用互联网提升决策能力还不完善。

一般说来，常规周期性问题大多是总量性问题，可以用总量性改革为主的政策和措施来加以解决。但是，导致周期混乱或者周期拖长的问题往往大多是结构性问题，需要用结构性改革为主的政策和措施来加以解决。在经济体制改革取得巨大成就的今天，经济结构性问题研究比较充分，但是社会结构性问题还刚刚开题，我们必须给予高度的重视。

（作者分别为国家发改委社会发展研究所所长、副研究员、副研究员、助理研究员）

我国社会结构、社会分层的新特征新趋势

李　强

怎样看待中国的社会分层现象

我们怎样来看待中国的社会分层？相信这个问题大家都有所了解。中国共产党从建党之初就关注对社会阶级的分析，例如毛泽东当年写的著作，收录在《毛泽东选集》第一卷中的第一篇文章《中国社会各阶级的分析》，写得很精彩，这是他对于当时社会各阶级的理解。从这里我们意识到，不管叫什么名字，今天更多的不叫阶级而叫阶层，但是本质反映的是一个群体的利益差异问题。

阶级、阶层、群体利益差异，核心是公平问题。目前产生了两种完全不同的想法：

第一种公平观念反对一切差异，认为社会分层结构本身就不应该有，需要摧毁社会分层本身。

第二种公平观念认为，社会结构本身很难消除它的分层性，我们观察全部的人类社会，包括原始部落，族长和氏族成员之间也有很大的差异性。分层社会也可以有公平。比如北欧丹麦、瑞典、芬兰、挪威是一种分层社会，但它们的基尼系数比较低。其实这些国家市场第一次分配的时候差异性挺大，大老板的收入也挺高。但是通过第二次分配，通过税收、福利、保障等各种调节机制把基尼系数调过来了。

这样就表现为两种完全不同的公平公正观点：

第一，注重结果公平。我写过一篇文章《经济分层和政治分层》讲到这个问题。你以为把经济调平整了社会就没有差异性？这是一种简单的想法，以为调经济结构就可以解决公平问题，但是情况比我们想象的要复杂。社会这个有机体特别复杂，随便动一动，最后发现新的问题又会产生，不是我们想象得那么简单。

第二，注重机会公平。改革开放以后大家接受新的公平观念，大体上我们把它叫作机会公平。如果看文件的话，十八大、十八届三中全会、五中全会都使用这样的概念。机会公平的概念实际上是说：起跑线平等，给大家创造机会或条件，机会公平使得一个社会更有发展动力。应该说这是改革开放以后最大的理念进步，就是终于意识到了，一个社会极其复杂，人们理念上都希望有一个特别公平公正的体制，但如果简单地把结果拉平，实践证明是不成功的。

我国社会分层与社会结构现状

我们现在是什么样的一种分层状况呢？我采用2000年的第五次人口普查数据做了ISEI（国际社会经济地位指数），做出了当时的社会结构图形，发表了一篇文章《倒丁字型社会结构与社会结构紧张》，大家看了以后很惊讶，为什么会是这么一种社会结构？其实也很好理解，当时人口的多数还是农民，有一部分人出来打工，但地位也较低。这种社会结构是非常不好的结构，可以说这是中国所有社会问题的根源，所以称作社会结构紧张。

我们还运用2010年第六次人口普查的结果做了ISEI。如果把这两个数据作比较的话，就会发现，农民中的一部分通过打工、通过经营，地位上升了。对于这两个社会结构的变化，我称作从“倒丁字型结构”向“土字型结构”的转变。

我们分析一下2000年和2010年的ISEI发生的变化，有四个大的群体变化比较突出：

第一个是农民，他们在第五次人口普查的时候是63.2%，到第六次人口普查时减少了16.71%。但是中国最大的问题还是在农村，中国如果想实现现代化，农民的问题必须解决，否则无法实现现代化。第六次人口普查的时候，原来的农民去哪里了？农民打工去了，而且打工部分数量特别大。比如深圳总共一千多万人，光打工族就占了一半，可见这在中国是大群体。另外，农转非也是农民减少的一个重要原因。

第二个是体力劳动者，这部分变化较大。体力劳动群体很大的一部分实际上是农民，第五次人口普查比例9.8%，第六次人口普查比例13.58%，上升了3.78%。前面说农民减少了16.71%，为什么这里又上升3.78%呢？要知道，过去是市民承担了一部分体力劳动，后来由于国企改革及各种转制，城市户口的人基本上脱离了体力劳动，农村来的人就把这块填充了。所以，农民加入城市体力劳动者的数量比3.78%要大，因为城市人口退出他们进入，这部分是替代的关系。

第三个特别值得关注，即操作型技术工人群体的变化，第五次人口普查是11.2%，第六次人口普查只有9.8%，下降了1.4%。中国对于技术工人有极大的需求，为什么技术劳动者比例不但没有增加，反而下降呢？这就是大问题了。实际上背后有一个大的社会结构问题，即农民工的未来前景。

农民工是各行各业中换工作最频繁的群体。另外，中国还有一个“民工潮”，即农民工春节前回家去，春节后又到城市里来打工。农民工频繁换工作，没有一个稳定的职业晋升渠道，地位很难提升。如果农民工永远是农民工，永远进入不了技术工人群体的话，社会转型就无法实现。这也是我们供给侧改革最核心的问题。

第四个群体是经营销售的白领阶层，变化也非常大。这个群体在第五次人口普查中只占2.9%，第六次人口普查中居然占到了13.34%，增加了10.44%，是非体力劳动群体中上升最快的。该群体对市场运营贡献非常大。所以，一个城市有了中小经营者才有活力。大资本的垄断如果过度，会断掉很多中小经营者、老百姓的活路。大型企业、大型垄断资本强调高度自动化，真正吸纳劳动力十分有限。因此，大部分人社会地位上升还是依赖于营销。

在中国社会结构测量中发现什么问题

第一个问题，我们发现处于社会下层的居民仍然数量很大，主要是农民的问题没有解决，这是最大的问题。如果不计算农村，只计算城市的话，中国城市确实是中产社会了。农村社会结构还大体上是倒丁字型的。目前的问题是，农村的劳动力、有能力的人都流失了，乡村没有发展动力，没有后劲。这是我们需要思考的问题，我们在改革中到底怎么办，到底怎么处理这个问题？

第二个问题是大城市与小城市的巨大差异。中产阶层绝大部分都集中在大城市里。而现在大部分的房产库存严重是集中在三线、四线城市，而三四线城市中产不足，多数居民消费能力较弱。

大城市应该说社会结构已经现代化了，白领、创业者、大学生、各种劳动者、外来打工族之所以愿意在这里，就是因为大家在大城市好找工作。

反过来，小城市留不住人，小城市的衰落和大城市的繁荣形成很大的反差，这种反差在世界各国也不太多见。美国也是巨型人口社会，少数大城市聚集很多的人，比如纽约。但是美国的小城市其职业结构也是现代化的，跟大城市的职业结构没有本质的区别，一个大学生在小城市里也能够找到自己的工作。

第三个问题是区域间的巨大差异，最核心的是东西差异。我们的数据把中国分成四块，东部、中部、西部和东北。东北单占一块，因为情况比较特殊。

我们仅把东部和西部拿来作对比，对比东部和西部的中产阶层分布。我们看到东部 2005年收入中产比例是53.3%，到2013年上升成66.65%，也就是说东部总的来看还是一个发展比较正态的社会，东部的收入中产、教育中产、职业中产都在逐步扩大。但是西部就有问题了。

西部在2005年的时候收入中产只有21.23%，到2013年更下降到14.37%，净流出，教育中产和职业中产也是这样，比例越来越小。这样的话，东部中产确实是一个正态的效应，但是西部就呈现恶性循环效应。越恶性循环就越没有中产环境，所以人才就越留不住，大学生去了以后又走了，不会在那个地方待下去。

第四个问题是城市中户籍居民与外来打工族有巨大差异。对中国来说，户籍问题还是一个社会地位流动的严重障碍。如大城市压缩外来人口、大学毕业生留城的人数，外来户籍大学生毕业后，能找到单位去工作，但是没有大城市户籍，他就必须考虑到将来一旦成家，生孩子了怎么办？这个是非常大的问题，处理不好有可能会激化社会矛盾。

我国当前贫富差距问题与对策

关于财富分布，改革开放以前连一包花生都通过行政副食本进行分配，可以说分配得够均等的。但是，改革开放以后差异比较大。改革开放以后，基尼系数1988年为0.382，1994年为0.434，1997年为0.4577，到了21世纪，多数研究型的数据都证明：不低于0.5的水平。根据经验，一般调查中低收入户所给的信息大体准确，实际上，调查员入户后，根据住房等情况，大体也可以判断家庭的经济情况。而高收入户的情况复杂，很多调查不出来。学者王小鲁研究报告认为，高收入阶层隐性收入很高。

看待财富收入差距的大小问题，无法脱离开具体的国情。北欧的贫富差距小，与之相比较，美国的贫富差距就比较高。下面我们看看，美国家庭人均收入的基尼系数。

从数据上看，自20世纪80年代以来，美国的基尼系数也是一路攀升的。美国的贫富差距近来也变得比较严峻，有一个叫托马斯·皮凯蒂的学者写了一本书《21世纪资本论》，他用数据证明西方国家特别是美国贫富差距持续上升。

事实告诉我们，像美国这种数亿人口的大国，建立广覆盖的社会福利保障体制是比较难的。而美国才3亿多人，中国大陆有13.7亿人。所以我们必须考虑到，中国未来的覆盖全体国民的社会保障体制难度非常大，千万不要想得太容易了。迄今为止，在建立福利保障体制方面，北欧做得最好，但是，相对来说，其人口规模也都比较小。已经完成现代化转型的发达经济体，人口最多的也就是美国，但也不过3亿多人，贫富差距还比较大、福利保障制度比北欧也差很多。所以，我们必须对于在13.7亿人口的社会里建立福利保障体制，解决贫富差距问题，困难想得多一些。如前所述，我国的特点是地区差异很大，所以，应该意识到，我们建设的保障体系，也还会有地区的差异。

其实，美国也知道自己的社会保障特别是医疗保障有缺陷，无论是克林顿还是奥巴马，都曾经想推动美国的医疗保障体制改革，但是都推不动，原因在于美国是贫富差距比较大的社会，政府如果更多地关注了穷人的利益，社会的另一端就会反对。但是，没有人能够否定美国也是科技创新能力最强的国家，因为美国社会强调竞争、强调效率。这样，在均等化方面，显然与北欧有很大差距，但从公平与效率的关系看，两者确实有此消彼长的关系。

美国的例子也让我们再次反思中国的现实。改革开放以后，我们的贫富差距确实比以前扩大很多，但是，观察多数发达经济体所走过的道路，在经济扩张的一段时间里，贫富差距扩大也是一种普遍现象。最近有一种呼声，以收入差距、贫富差距为借口，否定改革开放，这是错误的。一个国家的政策必须有持续性，千万不要再翻饼了，一个国家受不了这么翻饼，只有政策具有持续性的国家才能进步。一个国家的进步是在已经取得成果的基础上不断累积从而实现的。如果每一次都否定以前的成果，再翻过来重新走，就是前功尽弃。我们的贫富差距比较大，确实是事实，但是，也要看到，发达经济体在现代化发展过程中贫富差距的攀升也是普遍存在的现象。如果看中国最新的数据，从2013年到2016年，我国城乡居民家庭人均收入的基尼系数，表现出有一些下降的现象，至于这种趋势到底怎样发展，还有待观察。

总之，在贫富差距的问题上，我们要防止两种极端：

一种极端是财富被少数人垄断，造成极大的社会不公。收入、财富分布的极大不公会造成经济循环的断裂，造成恶性循环。这是引发社会动乱、造成中等收入陷阱的重要原因，我们必须警惕。

另一种极端是民粹主义盛行。这也是很可怕的，这种危险性在最近一段时间凸显了。尤其中国是一个长期有民粹主义传统的国家，民众很容易被煽动。什么叫民粹主义呢？就是一种绝对平均主义的、极端平民主义的思潮。这个值得思考，我看最近有领导人讲话也在提这个事情，整个意识形态被极端思潮撕裂，这肯定是对中国有害的，所以要阻止这个东西。

阶层固化问题与表征

习近平总书记阐释“中国梦”时说“让人民共享人生出彩的机会”，李克强总理讲“努力使人人享有平等的机会”，实际上都是在讲同一个问题：让每个人都有发展机会，都有机会追求自己的理想。公平的体制强调的是起跑线的公平，每一个人都有发展的机会。如果发展的机会都被某一个阶层垄断了，别的阶层没有机会，那显然是不公正的。这就涉及代际流动的问题。

代际流动是测量两三代人之间的社会地位变化，看看父母一代与子女一代社会地位的变化，如果财富总被某些家庭代代相传，或贫穷的家庭总是代代贫穷，那叫作封闭的体制，或者称作阶层固化。反之则是开放的体制，开放体制强调不同阶层的子女都有发展的机会。社会学常常用代际流动率来测量社会开放度。

对于地位流动也要客观地看，社会流动率高体现社会有活力，但是，过于频繁的流动，也体现出社会的无序。进入21世纪以后，从我国的流动率上来看，代际流动有所下降。

这主要有以下四种情况。

第一，准入的门槛越来越高了，阶层之间的界限逐渐形成。比如，产权和文凭证书的排他性变得比较突出。很多产业的准入条件大大提升，如房地产、金融、高技术产业等，一般社会群体难以进入这些产业。我们用20世纪80年代跟21世纪比就非常明显，那个时候没有明确的准入条件，门槛比较低，大家都可以竞争。

第二，下层群体向上流动的比率下降。如大城市的高房价，意味着有些人一次性把财富占有了，而年轻人、新来的大学生，再打两辈子工也不可能在这里买一套房，导致了下层群体上升流动比例下降。与之相比，20世纪八九十年代的中国，很多低收入层有更多的机会进入高收入层。

第三，具有阶层特征的生活方式、文化模式逐渐形成。今天中国明显产生了阶层的生活区域。城市中，因房地产差异造成的阶级区隔正在形成，不少城市有穷人区和富人区之分。另一方面，阶层生活方式的形成，也使得一个社会从过去的无序走向有序。经济学家熊彼特说过一句话，火车、轮船有一等、二等、三等的座位，确实有差异，但只要能让旅客们能够随时上下，这个秩序就会很稳定。火车好比是一个分层的社会，这个社会只要有流动，就有地位变化的机会，这是有一定道理的。

第四，阶层内部的认同加强。例如，各种高层社会网络的形成，当然，底层文化也有形成和认同的现象。这对于社会秩序是有威胁的。

从以上分析发现，中国阶层还是有固化的趋势。可以说，中国现代社会体制建设还没有完成，未来还要做一系列的制度建设。

如何推进中国社会现代化转型

前面测量出的中国结构，无论是“倒丁字型”还是“土字型”，都是底层比较大。如果底层不断提升，最终变成橄榄型社会，中国现代化转型就完成了。但是，毕竟下层、中下层部分太大，农村还有44%比例的人口，那也有6亿多人，再加上进城打工的农民工2.7亿人，这样一算起来，后面要推进结构性转型升级的任务还很重。

下面提出推进中国社会现代化转型的七点想法：

第一，一个社会的结构是产业结构设定出来的。中国面临产业升级、经济结构转型，这对中国社会结构转型的意义非常大。如果中国能够顺利实现产业转型，就能够顺利迈过中等收入陷阱。我认为，这个转型不仅是资本的转型，更重要的是人的转型、人才技术的转型。最核心的还是要培养出能够适应新的产业结构的技术人才、技术工人。而人的转型、人才的转型需要时间和耐心。

第二，城镇化与社会结构转型。中国未来30年面临一个很大挑战，就是城镇化。我们一般说，中国正在面临着人类历史上最大规模的城镇化。什么样比例的城镇化才算是完成现代化转型呢？社会学家英格尔斯的现代化十项指标提出，劳动力中非农业劳动力的比重要占到70%以上才是现代化社会，城市人口比重要超过50%。我们如果将外来打工族也计入城市人口的话，应该是达到这个指标了，但是，我们知道外来打工族、外来农民工还没有真正市民化，真实的城镇化率、户籍市民化率也只有30%，所以，我们后面的任务还很重。

第三，农民工能进入中等收入群体吗？这个问题非常重要。众所周知，干部、教授等阶层都有晋升的渠道。但是农民工打一辈子的工也不知道怎么晋升。其实，我们确实也没有给农民工创造比较顺畅的晋升渠道，这是大家要思考的。李克强总理在2016年政府工作报告中提到“工匠精神”。中国社会应该尊重匠人、技术工人、手工艺者。在中国，把所有专业人员加上所有技术人员合计，在整个人口普查中仅占7.1%，这部分人在经济发达体的国家里占比接近50%。所以，推进专业技术人员队伍建设是我国社会转型的关键。

第四，关于收入分配调整，前面讲过，我们的基尼系数还处于高位，所以，还需要一系列的收入分配调整。

第五，社会保障制度建设，这也是目前最重要的一个任务。我们现在提出，"十三五"实施"全民参保计划"，即2016—2020年要实现法定人员全覆盖。2020年覆盖全部的城镇常住人口的保障，难度是非常大的。我国社会养老保障体制建设起步比较晚，蓄水池里的养老金蓄水的时间还比较短，再加上人口老龄化到来的速度在加快，对于这些都必须有深刻的认识。

第六，教育与中产社会的形成。在任何社会，教育都是社会地位上升最为正规的渠道，教育特别是高等教育是中产阶层的摇篮。现在的问题是，农村来的这部分高校毕业生，能顺利升成中产吗？这也是一个很大的难题。高校毕业生都倾向于朝大城市流动，他们在小城市也确实难以找到适合自己所学专业的工作。而到大城市里找工作，大城市又排斥他们，一线城市有明显的排斥政策。所以，虽然教育是培育中产的机器，但是，中产地位的真正实现还需要很多社会机制的建立健全。我们应该为更多人进入中产创造更多的渠道，否则社会永远是一个分化的社会。

第七，市场准入与中产社会。总的来看，中国社会在过去这些年通过市场进入中产这一块是最顺当的，证明市场还是很有效的。通过市场进入中产，目前有一个问题，该群体社会地位不稳定。李克强总理曾说过这样的话：一个城市不要一天到晚驱赶那些小商铺打击他们，其实这是一个城市活力的象征。这是符合国情的。因为中国人口太多了，巨型企业其实雇不了多少人，垄断企业包括现代化生产线吸纳就业人数并不多。而就业人数最多的就在小资本雇佣、在市场营销这一部分。一个社会必须要容纳中小资本，让中小资本成为社会的常态。如果一个社会总是被大资本垄断，就意味着少数人占有的财富太大，大部分人难以从中获益。

中国究竟什么时候可以实现中产社会，形成橄榄型社会结构呢？根据我们预测，大概到2040年的时候，我国白领劳动者将首次超过蓝领劳动者，在全体劳动者中占到52%，到2050年的时候，我国的白领劳动者，也就是管理人员、专业人员和技术人员、办公室人员、经营销售商业销售人员加起来，大约占全体劳动者的60%。那时候，才能实现以中产群体为主体的橄榄型社会结构。

（作者为清华大学人文社科学院院长）

这项特殊的“素质”为何如此重要

李稻葵

几年前的一个场景让我至今难忘。冬天，瑞士，达沃斯，世界经济论坛最私密的会场，最高付费大佬们的专场，一帮国际大公司的企业家轮流与一拨一拨的国际政要以及个别学者见面。我被请去谈经济走势。上一场刚刚结束，大家都站着交谈。我一进门，一惊：个个都是大高个，我一米七九的个子几乎是最矮的！自我镇定了一下，我马上想起一个早已熟悉的事实：国际上很多领导人，都是职业或业余体育运动员出身！练体育的，大个头为主。例如，国际货币基金组织总裁拉加德，曾为法国花样游泳国家队队员。

的确，大多数西方国家尤其是美国领导人都有体育上的一技之长，有的曾经入选大学的体育代表队，有的是职业运动员出身。例如，美国前任财长亨利·保尔森就曾是大学橄榄球队的明星球员；世界著名的金融机构黑石集团的创始人苏世民曾经是校长跑队的队员……不仅是运动员容易出成就，西方的精英大学也注重培养有运动员背景的学生。我的分析是，运动员出身的人——专业运动员另说，因为他们需要异于常人的身体条件——具备特殊的心理素质。

什么心理素质？首先，运动员是懂得如何去竞争的一群人。体育游戏天生就带有竞争性，运动员身处其中，天生要善于竞争、喜欢竞争。其次，运动员要懂得团队合作。即使是单人项目，如乒乓球、体操、跳水、田径等项目，也同样需要团队配合，因为一个团队里有教练、营养师、陪练等，只有每个环节都做到优异，才可能达到高水平的竞技状态。只要人类社会存在，竞争和合作就是永恒的主题。这就是体育精神！人与人之间有竞争和合作，国家与国家之间也存在竞争和合作，单靠一项是无法取胜的。而运动员身上是两者兼备。为什么运动员出身的人在社会中往往能脱颖而出？因为他们有难以击垮的信心和号召力。一个能赢的团队一定也是经历过许多逆境的团队，不可避免地有过失望、恐惧、质疑、懊恼……尤其在千变万化的比赛场上。

在竞赛落后的情况下，核心人物必须摒弃杂念，千万不能纠结在“真惨、真倒霉”的心态上，也不能妄想一举定乾坤，而是集中精力想好下一个球，才能把握住赢回来的机会。这种机会往往转瞬即逝，必须保持住高度的注意力，才能捕捉到。这恰恰是一个成功者应该具备的素质。

正是因为了解运动员这些特征，国外商学院特别青睐有运动背景的学生。哈佛大学曾经做过一项调研：毕业20年后，哪些校友群体为母校捐款最多。结果出人意料，捐款最多的并不是学习成绩最好的学生，反而是那些有校队背景的学生，这些学生无论当年还是现在都是最有集体荣誉感的。

牛津大学有个久负盛名的罗德奖学金，这项创立110多年的奖学金有四项招生标准，其中一项就是喜爱体育，最好有运动成就。他们认为，这样的人往往具备优秀的心智，是值得栽培的未来领袖。

美国最负盛名的大学联盟——常青藤联盟最早就是哈佛、耶鲁、哥伦比亚等若干所大学的美式足球运动体育联盟，而非学术评比，比如奥数竞赛的联盟。而中国也曾经有过一段颇有特色的高中教育，像清华附中早在20世纪60年代前，就有约三分之一的学生加入校队，活跃于各种比赛，他们中成就了后来中国社会的精英。

反观中国，到现阶段我们的教育还是太关注孩子的学习成绩，太注意奥数、钢琴等等。在全球化时代下，只懂得奥数，不懂得与人博弈，似乎不太能适应时代变化。如果在孩子成绩过得去的基础上，让他们学一点符合身体特长的技能，适当多参加一些体育比赛，这将能够最大限度地拓展他们的心智禀赋，孩子会终身受益无穷。

（作者为清华大学中国与世界经济研究中心主任）